현장 컨설턴트가 알려주는
공급망 관리(SCM) 성공 전략

현장 컨설턴트가
알려주는

공급망 관리(SCM)
성공 전략

■ 우리 회사를 글로벌 기업으로 이끄는 성공적 생존 전략! ■

주호재 지음

BM (주)도서출판 성안당

👤　전 세계 공급망의 블랙스완은 2000년대 9.11 테러와 글로벌금융위기를 거쳐, 이제는 미중의 패권경쟁으로 인한 공급망의 재편과 함께 전대미문의 코로나19로 인해 예측불가능한 위기상황을 만들어 내고 있습니다. 요동치는 공급망의 불안전성으로 인해 지금은 그 어느 때보다도 SCM에 대한 근본적인 고민과 함께 발빠른 대응전략의 수립이 필요한 때입니다.

이 책은 이러한 측면에서 SCM이 과연 무엇인가에 대해 원론적인 질문에 대한 해답을 매우 간단하면서도 명쾌하게 설명하고 있습니다. 트렌디한 수박 겉 핥기 식의 얕은 기업 사례 대신, SCM이 왜 지금 이 시점에서 다시 주목받고 있는지에 대한 근본적인 고민을 하고 계신 분들에게 이 책을 추천합니다.

민정웅 교수 / 인하대학교 경영대 아태물류학부 물류학전공

👤　다시 SCM이 회자되고 있습니다. 이 시점에 누군가 정리를 해줬으면 했습니다. 적절한 시점에 좋은 책이 나와서 반가울 따름입니다. 저자는 다른 SCM 관련 책을 집필한 분들에 비해 이력이 독특합니다. 현직 컨설턴트로 활발히 활동하면서 현장에서 배우고 느낀 것을 책으로 쓰고 있습니다. 그럼에도 현장의 경험을 나열하는 데 그치지 않습니다.

그 중에서도 가장 큰 장점은 다른 책과 비교해서 재미있고 쉽게 읽힌다

는 점입니다. 대학에서 SCM을 전공하는 학생이나 회사에서 SCM을 처음 접하는 직장인에게 재미있고 유익한 첫 번째 SCM 입문서가 될 것 같습니다.

하영목 교수 / 중앙대학교 경영경제대학 국제물류학과

👤 저자의 지난 책(현장 컨설턴트가 알려주는 디지털 트랜스포메이션)도 그랬습니다. 그는 남들이 다들 어려워하는 주제를 놓고 쉽게 풀어가는 재주가 있습니다. 그것도 재미있게 말입니다. 마치 넷플릭스 1화를 보기 시작하면 끊을 수 없듯이 이번 책도 한번 읽기 시작했다가 놓을 수 없었습니다. SCM 관련한 요즘 내 고민도 책에 등장하는 다양한 비유와 콘셉트 이미지와 함께 풀리기 시작했습니다. 적어도 그는 내게 마법사(수요를 받는 즉시 공급을 할 수 있는 능력을 가진 사람)입니다.

강효석 마케팅지원실장 / 교보문고

👤 미래를 준비하기 위해서는 현상에 대한 본질과 개념의 이해가 중요합니다. 저자의 전작인 '디지털 트랜스포메이션'에서도 개념과 본질을 누구보다 명확하게 전달해 주었습니다. 이번 책에서도 누구나 알고 있지만,

누구도 명확히 정리해 주지 않은 내용을 이해하기 쉽게 전달하는 책입니다. SCM 본질과 관련 살아있는 스토리를 원하는 사람들에게 이 책을 추천합니다.

정진용 / 삼성전자 창의개발센터 C-lab 담당

'우리 같은 초기 스타트업에게 SCM은 너무 먼 얘기 아닌가?' 하는 생각에 좀처럼 책에 손이 가질 않았습니다. 몇 주 간의 신규 서비스 기획으로 번아웃이 왔을 때 머리나 식힐 겸 이 책을 집어 들었고, 그대로 끝까지 읽어버렸습니다. SCM이라는 딱딱한 주제를 적절한 비유를 통해 이해하기 쉽게 설명해주었고, 중간중간 저자의 아재 개그에 헛웃음도 지어가며 시간 가는 줄 몰랐던 것 같습니다.

책을 통해서 SCM은 비용 절감뿐만 아니라 품질 향상, 매출 증대 등 경영 전반에 도움을 준다는 것을 알게 되었습니다. SCM의 지속적인 최적화, 혁신의 철학은 작은 스타트업에게도 적용할 수 있는 좋은 도구이므로 스타트업 종사자들에게도 이 책의 일독을 권하고 싶습니다.

조정래 대표 / 약문약답(주)

토르의 망치

변하지 않는 전제에 집중해야 헛고생을 하지 않는다

제프 베조스, 아마존 창업자

이 업계에서 짧지 않은 시간을 일하다 보니 하나 깨달은 것이 있습니다. 저만 그런 생각을 한 것이 아니었는지 그런 현상을 설명하는 속담 같은 말도 있더군요.

"망치를 든 아이 눈에는 모든 게 못으로 보인다."

처음 직장생활을 시작할 때 제 손에 쥐어졌던 망치는 자재소요량계획(MRP, Material Requirement Planning)이었습니다. 대리가 되니 전사적자원관리(ERP, Enterprise Resource Planning)로 바뀌었습니다. 그리고 2000년이 지나면서 그 망치는 공급망 관리(SCM, Supply Chain Management)로 바뀌었죠. 그렇게 몇 번이 바뀌었지만 순수해서였는지, 경험이 미천해서였는지 항상 손에 든 망치를 진정으로 믿었습니다. ERP를 손에 쥐었을 때는 회사 전체를 관리하는 시스템이니까 당연히 모든 문제는 ERP가 해결하리라 생각했고, SCM이 손에 쥐어졌을 때는 진짜 이제 끝판왕이 나왔다고 믿었습니다. 공급망 전체를 관리하는 체계라는데 그 이상이 어떻게 있을 수 있겠냐고 생각했죠. 그래서 약간은 의심했지만 그 굳건한 믿음을 바탕으로 책까지 하나 썼습니다. "SCM 포에버"가 곳곳에 묻어 있는 책이었죠. 하지만 바람과는 달리 SCM의 인기는 급격히 식어갔습니다. 여러 개의 망치가 그 자리를 대신했습니다.

그런데 코로나19라는 팬데믹이 지구를 어려움에 몰아넣자 땅 깊숙이 묻혀 있던 토르의 망치처럼 SCM이 서서히 언급되기 시작했습니다. 코로나19 발생 초기인 2020년 4월에 애플이 공급망(SCM)과 관련한 새로운 실험에 도전한다는 보도가 나왔고, 같은 해 연말에는 대통령에 당선된 바이든이 미국 중심의 신뢰 가능한 공급망(SCM)을 만드는 데 힘을 쏟을 전망이라는 기사가 쏟아져 나왔습니다. 이번에는 SCM이 진정한 '토르의 망치'가 될 수 있을까요?

개인적으로 근본적인 의문이 들었습니다. 진짜 SCM은 어느 날 무대에 나타났다가, 갑자기 사라진 건가? 그리고 지금 어떤 원인으로 무대에 다시 소환되고 있는가? 아니면 항상 무대에 서 있었지만 스폿 라이트를 받다가 불빛 밖으로 잠시 밀려나 있었던 건가? 꼬리를 무는 질문에 스스로 답을 하다 보니 더 미궁에 빠지더군요. 그러다 한 기사에서 아마존 회장인 제프 베조스의 인터뷰를 보게 됐습니다.

"10년 후 어떤 변화가 있겠느냐는 질문을 많이 받는다. 구태의연한 질문이다. 10년이 지나도 바뀌지 않을 게 무엇이냐는 질문은 왜 하지 않나. 이것이 더 중요한 문제인데 말이다. 예측 가능한 정보를 바탕으로 사업 전략을 세우는 일이 더 쉽다. 사람들은 싼 가격과 빠른 배송, 다양한 상품을 원한다. 10년이 지나도 이는 변하지 않는다. 변하지 않는 전제에 집중해야 헛고생을 하지 않는다."

— 제프 베조스, 아마존 회장

시간이 흘러도 변하지 않는 것이 무엇인지 안다면, SCM도 그런 것이 있다면 그것을 정리해 보는 것이 의미 있지 않을까? 급변하는 환경과 기술의 발전에 영향을 받지 않는 SCM의 본질은 무엇일까?

적고 보니 너무 거창해 보이지만, 이 책을 쓰는 과정에 함께했던 구호입니다.

"변하지 않는 것에 집중하자. 불필요한 것은 제거하고 핵심에 집중하자."

추천사   4

프롤로그   토르의 망치   7

THEME 1   **개념편**   공급망 관리의 정석   13

공급망은 있지만 공급망 관리는 없었다   15

관리가 필요한 순간   18

십자가에 묶인 SCM   20

공급망 십자가   22

수요와 공급의 균형   25

마법사만 가능한 일   29

마법사가 아니라면   32

공급망 관리의 기본 원칙   35

좋은 도시락을 만들려면   38

SCM의 본질   43

SCM의 여러 얼굴   47

제약과 패러독스   50

SCM 체계란?   56

상앙의 이목지신(移木之信)   61

통제와 유도   64

명품백 구매 프로세스   69

프로세스를 컴퓨터 시스템으로   72

왜 큰 돈을 들이면서 컴퓨터 시스템을 만드나?   75

니 돈이면 그렇게 하겠냐?   77

변하지 않는 SCM의 본질   80

다시 주목받는 SCM   82

비즈니스는 세 가지를 옮겨야 한다   89

SCM의 첫 번째 전성기   93

코로나19가 부른 SCM의 두 번째 전성기   101

두 번의 전성기와 SCM의 본질   106

THEME 2   **실전편**   **마법사와 삐에로**   117

차라리 내가 만든다   120

공급 리드타임   121

수요계획   125

동기가 있는 곳에 정확한 수요예측 데이터가 있다   131

공급계획   134

SCM 체계의 완성, 컴퓨터 시스템   148

피로스의 승리   151

채찍과 잔물결   156

코로나19 SCM의 최적화   164

에필로그   삐에로는 우릴 보며 웃지?   168

참고자료   174

THEME

CONCEPT

개념편 | 공급망 관리의 정석

어떤 일이 잘못되었을 때는 비난할 사람을
찾기보다 시스템을 봐야 한다.
그런데 일이 잘 풀릴 때도 시스템에
더 많은 공을 돌려야 한다.
인간의 성공 뒤에 존재하는 보이지 않는 배우들은,
위대하고 전능한 지도자에 비해 평범하고
지루하다.
그럼에도 나는 그들을 칭송하고 싶다.
그 영웅은 제도나 체계 같은 사회 기반, 그리고
기술이다.

한스 로슬링,
팩트풀니스 저자

공급망은 있지만 공급망 관리는 없었다

　태초에 인간이 마치 동물처럼 살 때는 아마도 혼자 스스로 먹는 것을 해결해야 했을 겁니다. 진정한 의미의 자급자족 상태죠. 배고프면 뛰어나가서 먹이를 사냥하거나 채집했을 겁니다.

공급자　　＝　　수요자

운 좋게 야생 닭을 잡으면 털만 뽑아서 우적우적 씹어 먹었겠죠. 자급자족 상태이니 수요자와 공급자가 일치하고 결과적으로 공급망은 형성되지 않습니다. 혼자 모든 걸 해결하는 행복한 삶을 살다가 이 남자는 잘못된 선택을 하게 됩니다.

근처에 살던 완전 다른 창조물과 함께하게 된 거죠. 이런 행위가 현대에는 결혼이라는 용어로 정리되어 있죠. 두 창조물이 함께하게 되면서 혼자 모든 걸 해결하는 완전한 자급자족은 벗어나게 됩니다.

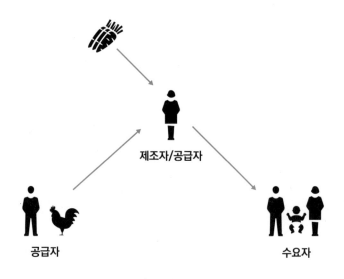

둘 중에 달리기와 힘이 센 남성이 사냥을 주로 하게 되고, 지금도 뭔가를 귀신같이 찾아내는 여성이 주변의 과일이나 채소를 채집하게 됩니다. 그리고 불도 이용하게 되면서 그냥 잡아서 털 뽑아 먹던 식생활에 원시적인 요리의 개념이 더해집니다. '제조자'가 나타나게 된 거죠. 하지만 아직은 완벽히 자급자족을 벗어난 상태는 아닙니다. 공급자와 제조자가 아직은 수요자(이상한 녀석이 하나 더해지긴 했네요)이니까요. "공급자-제조자-수요자"로 이어지는 최초의 선이 만들어집니다. 이것을 '공급선'이라 부르겠습니다. 아직 망은 만들어지지 않았죠. 한동안 이 집단은 행복한 생활을 하게 됩니다. 지금도 그렇지만 문제의 발단은 정체불명의 일도 안 하는데 권리는 다 누리는 기이한 생명체였죠. 떼를 쓰면서 더 이상 닭은 못 먹겠다고 합니다. 제조자가 좀 노력해서 다른 요리법(치킨, 삼계탕 같은)을 개발하는 좋은 방법도 있지만, 지금도 그렇지만 그런 노력은 잘 하지 않죠. 남성에게 토끼를 잡아오라고 강요합니다. 그런데 불행히도 이 남성은 닭 잡는 노하우밖에 없어요. 토끼잡이는 빈번히 실패합니다. 점점 집에 들어가기 싫어집니다. 다시 혼자로 돌아갈까 심각하게 고민하던 때, 사냥터에서 우연히 토끼사냥의 달인을 만나게 됩니다. 잠시 얘기를 하다 보니 둘 다 비슷한 고민을 하고 있었다는 걸 알게 되죠. 그날 둘은 각자의 닭과 토끼를 교환했습니다.

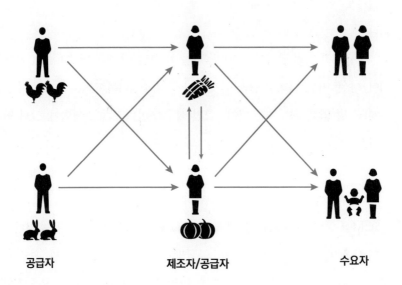

공급자   제조자/공급자   수요자

그들은 곧 이런 교환이 서로에게 이익이 된다는 것을 깨닫게 되죠. 여성들도 각자 채집한 채소나 과일도 교환하죠. 그러다 아무래도 닭을 자주 요리하던 제조자의 닭 요리가 더 맛있다는 것을 알게 되죠. 최초로 공급자와 수요자가 달라지는 일이 벌어집니다. 그 결과, 하나뿐이었던 공급선은 그물 같이 복잡한 형태를 띠게 되고 '밥공급망'이 됩니다. 입소문이 퍼지자 이 체계에 편입되고자 하는 사람들이 많았겠죠. 그래서 공급망은 진짜 그물처럼 촘촘해지고 복잡해집니다. 드디어 공급망이 완성되었고, '관리'라는 개념이 필요한 상황이 온 겁니다.

관리가 필요한 순간

"아야, 형이 하나 묻자. 식구(食口)가 머여? 식구가 먼 뜻이여?"

어렵게 만든 돈으로 후배들과 삼겹살을 구워 먹던 병두(조인성)가 덧붙입니다.

"식구(食口)란 건 말이여. 같이 밥 먹는 입구녁이여. 입구녁 하나, 둘, 서이, 너이, 다섯, 여섯, 나까지 일곱. 이것이 다 한 입구녁이여. 알겄냐? 그면 저 혼자 따로 밥 먹겠다는 놈은 머여? 그건 식구가 아니고 호로새끼여. 그냐 안 그냐?"

— 영화 〈비열한 거리〉 中 조인성의 대사

SCM을 풀어 쓰면 Supply Chain Management의 약자입니다. 우리말로 그대로 옮기면 공급망 관리입니다. 공급망 관리는 다시 '공급망'과 '관리'로 쪼갤 수 있습니다. 공급망은 앞서 완성된 밥공급망을 통해 이해하셨을 겁니다. 이제 관리가 남았죠.

〈비열한 거리〉와 같은 르와르 영화를 보면 두 가지 대사가 자주 나옵니다. "식구들 챙겨" 혹은 "너 요새 애들 관리 안 허냐?"

앞뒤 전후 사정을 따져 봤을 때 두 가지는 확실히 차이가 있습니다. 요약하면 식구는 챙기는 거고, 애들은 관리하는 겁니다. 여기서 궁금해지는 건 어느 시점에 식구가 애들로 바뀌는가 입니다. 굳이 정의를 내리자면 식구는 같이 밥을 먹을 수 있는 정도의 수이니 10명 내외가 되겠죠. 조직이 그 이상으로 커지면 챙기는 것에서 관리의 영역으로 넘어간다 할 수 있습니다.

웬 딴 나라 이야기이냐고요? 기업이라고 다를까요? 기업도 처음에는 가족이나 가까운 친구들로 시작됩니다. 처음에는 다 식구지요. 사업이 잘 되어서 규모가 커지게 되면 식구의 한계를 넘어가게 됩니다. 식구끼리 할 때는 안 할 말로 비용을 좀 사적으로 사용해도 결국 식구끼리 쓰는 것이니 큰 문제될 것이 없습니다. 식구다 보니 회사가 망가질 정도로 의도적으로 사고를 치지도 않죠. 그런데 구성원이 많아지고, 식구가 아닌 사람이 대부분을 차지하게 되면 일하는 절차와 규율 같은 것이 필요해집니다. '관리'가 필요해지는 겁니다. 밥공급망도 마찬가지입니다. 주변에 살던 가족들끼리 공급망을 형성해 식구의 범위에서 운영될 때는 관리가 필요 없습니다. 그런데 생전 처음 보는 외지인도 늘어나고 누구와 거래를 하는지도 잘 알 수 없을 정도로 공급망이 복잡해지면 관리가 필요해지는 거죠. 이야기를 조금 발전시켜봐야 하겠습니다.

"이러다 죽는 거 아닐까?"

"죽는 게 아니야. 영광스럽게 순교하는 거지. 천국으로 가는 직행표가 있는데 뭐가 걱정이야."

공포에 떨던 병사의 눈에 안정이 찾아왔습니다. 그 순간, 그의 오른쪽에는 갤리선이 뒤따르고 있었습니다. 자신에게 어떤 일이 있더라도 천국으로 인도할 든든한 존재였지요.

유럽이나 기독교의 역사를 모르더라도 십자군은 다 아실 겁니다. 뚜렷한 이미지도 있죠. 붉은 십자가가 그려진 흰 천을 가슴에 걸치고 있는 중세 기사의 모습이죠.

십자군 원정은 11~13세기에 걸쳐 서유럽의 크리스트교도들이 성지 회복이란 명분으로 예루살렘 탈환을 위해 일으킨 대 원정입니다. 한 번이 아니었고 거의 200년 동안 10여 차례에 걸쳐 이뤄졌습니다. 그 중 3차 원정군에 우리가 잘 아는 '사자심왕(Lion Heart) 리처드 1세'가 있습니다. 리처드의 군대는 특히 용맹했죠. 그 용맹함의 근거가 엉뚱하게도 갤리선(노를 주로 쓰고 돛을 보조적으로 쓰는 군용선)이었습니다.

"육상 행군에서는 가능한 한 바다와 가까운 길을 택할 것"

이것이 리처드 군의 기본 원칙이었습니다.

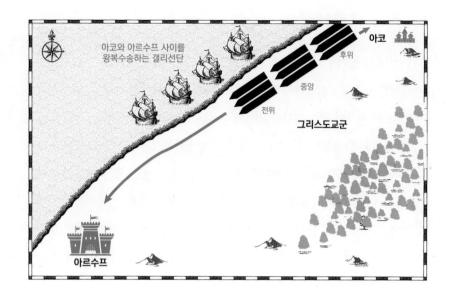

지상군과 병행해 선단도 남하하기 때문인데, 이 선단은 군량 보급의 임무와 부상병을 후방으로 실어 나르는 임무를 맡습니다. 이는 리처드가 병참을 중시하는 사령관이었다는 것을 보여줍니다. 또한 병사들에게는 설사 부상을 당하더라도 내버려두고 가지 않겠다고 확언한 것에 대한 실질적인 증거였죠. 십자군 전사가 되어 중근동까지 와서 싸우는 그리스도교도에게 가장 큰 악몽은 부상을 당해 그대로 적에게 붙잡히는 것이었습니다. 생포되면 비록 죽임을 당하지 않더라도 노예로 팔려갑니다. 이슬람교도의 노예가 되면 목과 발목에 쇠사슬을 차고 광산 노동이나 갤리선 조수로 혹사당하는 삶이 기다리고 있습니다. 적에게 죽임을 당하면 순교자가 될 수 있지만 노예는 순교자가 아니기 때문에 천국의 자리도 예약하지 못합니다. 신앙심 두터운 중세 그리스도교도에게 이슬람 사회에서 노예로 죽는 것만큼 끔찍한 불행은 없었죠. 리처드는 그런 공포를 없애 주었던 것입니다. 굶주림과 죽음에 대한 공포가 사라지면 평범한 사람도 응분의 성과를 보이는 법이죠. 굶주림과 죽음에 대한 공포를 덜어주는 것이 갤리선으로 대표되는 병참, 즉 SCM이었던 거죠.

유명한 교수님들이 쓰신 책을 찾아보니 SCM의 시작은 전쟁의 '병참'이라는 공통된 의견입니다. 병참은 영어로 'Logistics'이고 이 용어는 근래 '물류'라는 용어로 사용됩니다. 지금은 그 뜻이 엄청나게 넓어졌지만 물류는 원래 논리적이고 합리적 계산을 바탕으로 군대 이동의 숙영을 잘 처리하기 위한 것이었습니다. 따라서 물류의 역사는 곧 전쟁의 역사였고, 반복되는 전쟁과 원정의 역사 속에서 물류는 발전해 왔습니다. 전시가 아닌 평상시라면 절실히 요구되지 않는 시간과 공간의 제약이 전쟁터에서는 생사를 가르게 하죠. 그리고 그 전장은 지금 기업들 사이에 있죠.

공급망 십자가

두 개의 선이 직각을 이루며 가로 지르는 단순하지만 강렬한 디자인은 2천 년 넘게 인류에게 엄청난 영향을 미쳤고, 그 영향력은 지금도 계속되고 있습니다. 우리가 너무나 잘 아는 그 십자가 말고 지금까지 인식하지 못했지만 인류에게 십자가 못지않게 영향을 준 십자가가 또 있습니다. 제가 '공급망 십자가'라 이름 붙인 것입니다.

단언컨대 세상의 모든 공급망과 이를 지원하는 체계나 컴퓨터 시스템은 이 십자가를 벗어나지 못합니다. 어떻게 보면 우리가 알고 있는 종교적인 의미의 십자가보다 인류에게 더 큰 영향력을 발휘해 왔는지도 모릅니다.

인류 최초의 공급망이었던 가족으로 구성된 밥공급망에는 수요와 공급이 너무나도 명확합니다. 수요자이자 공급자인 엄마, 아빠가 있고 공급만 받는

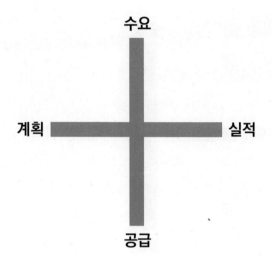

아들이 수직선을 구성하죠. 계획과 실적도 큰 예외가 없습니다. 사냥하고 농사를 지으며 살던 시절에는 하루 세끼에 가족 수를 곱한 정도가 계획된 수요였고, 밥을 거르는 일이 거의 없었을 테니 계획대로 만들어진 밥을 다 먹어 치웠을 겁니다. 간혹 가족 중 누군가가 아파서 밥을 못 먹으면 음식이 남을 수 있었겠지만, 이것도 배고픈 다른 가족 구성원이 충분히 먹어 치울 수 있었을 터이고, 그게 어려우면 밖에서 배회하는 개가 먹었을 터이니까요. 그러다 마을 단위의 밥공급망이 생겼고, 분업도 일부 이뤄졌었죠. 또 시간이 흘렀습니다. 농사만 짓던 마을이 이제 산업화된 도시로 바뀌었고 밥공급망에서 밥맛으로 두각을 나타내던 한 집(연우네)이 도시락 사업을 시작합니다. 이제는 다양한 일을 하게 되어서 식사를 준비하는데 많은 시간을 쓸 수 없는 사람들에게 점심 도시락을 팔기로 한 겁니다.

이제 수요는 가족만이 아니라 그 도시에서 일하는 배고픈 불특정 다수가 되었습니다. 그렇다 보니 오늘 몇 명이 도시락을 주문할지 알 수 없습니다. 드

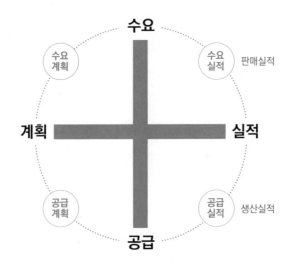

디어 십자가의 균형이 깨지기 시작합니다. 두께가 동일하던 수요와 공급을 잇는 직선에 불균형이 생깁니다. 어떤 날은 수요 부분이 두꺼워집니다. 그런 날은 도시락이 모자라 고객에게 욕을 먹었습니다. 그래서 도시락을 좀 넉넉하게 준비하기로 했습니다. 그랬더니 이번에는 남은 도시락을 버리게 되어서 공장장인 엄마에게 욕을 먹었습니다. 어쩌다 보니 도시락 가게 운영을 하게 된 연우는 수요와 공급으로 이뤄진 직선에 하나의 선을 더 긋습니다. 계획과 실적의 선이었죠. 가로로 계획과 실적을 잇는 선을 긋고, 이웃한 것들을 연결해 보니 가상의 원이 만들어집니다.

연결점에 두 요소의 관계를 적어보니 수요와 계획 사이는 '수요계획'이 되고, 공급과 계획 사이는 '공급계획'이 됩니다. 또 수요와 실적이 이어진 곳은 '수요실적'이 될 것이고 공급과 실적이 이어진 곳은 '공급실적'을 적어 넣을 수 있었습니다. 일반적으로 수요실적은 판매실적입니다. 하지만 수요에 꼭 판매하는 것만 포함되는 것은 아니죠. 연우네 가족도 점심으로 직접 도시락을 먹으니 수요에 더해져야 하고, 판매를 늘리기 위해 샘플로 제공하는 도시락도 있으니까요. 마찬가지로 공급실적도 연우네는 그렇지 않지만, 도시락을 다른 도시락 업체에서 일부 받아서 판매한다면 자체로 생산한 도시락 외에 업체로부터 공급받은 수량도 더해야겠죠. 어찌되었든 연우는 잠시 머리가 맑아지는 기분이었습니다. 각 직선의 시작과 끝이 두께가 같고, 두 직선의 두께도 동일하면 완벽한 운영이 이뤄지는 것이죠. 예측한 만큼 도시락 만들 계획을 하고 딱 그만큼만 생산해서 그대로 팔면 고객에게도, 엄마에게도 욕 먹을 일이 없으니까요. 그런데 곧 우울해졌습니다. 그건 현실적으로 불가능한 일이니까요.

수요와 공급의 균형

옛날처럼 가족만을 위해 도시락을 만든다면 수요와 공급은 바로 나옵니다. 엄마, 아빠, 나, 이렇게 3개가 전체 수요량이자 공급량이죠. 그리고 그것이 곧 계획이자 실적이 됩니다. 하지만 지금은 도시에서 우리 집 도시락을 점심에 먹고 싶어 하는 불특정 다수가 수요자입니다. 전체 수요량이 상황에 매일 달라질 수 있다는 얘기죠. 그럼에도 불구하고 우리 도시락 가게에 마법사가 있으면 수요와 공급을 맞출 수 있습니다. 오늘 전체 수요량을 다 합해보니 1,000개예요. 그럼 마법사가 바로 확인하고 마법지팡이를 휘둘러 1,000개를 만들어 버리면 되니까요. 하지만 현실은 1,000개의 도시락을 만들기 위해서는 시간이 필요합니다. 그리고 1,000개의 도시락을 만들기 위한 식재료를 미리 준비해야 하죠. 식재료는 항상 완벽히 준비되어 있다고 가정해도 1,000개의 도시락을 만들어 내려면 최소 10여 명의 사람과 몇 시간이 필요할 겁니다. 문제는 식재료도 미리 준비를 해야 한다는 것이죠. 그래서 계획이 필요해집니다. 먼저 이번에 몇 개의 도시락이 필요한지를 과거의 경험과 미리 들어온 주문, 예측되는 주문을 합해서 만듭니다. 이것을 수요계획이라 합니다. 수요계획을 짜고 바로 수요실적(판매실적)이 나오지는 않겠죠. 도시락을 배달하고 소모된 도시락 숫자를 집계해야 수요실적이 나오겠죠. 수요가 만들어지고 그 실적이 집계되는 사이의 시차는 우리 회사가 어떤 제품을 팔고 있는지 얼마나 빠르게 실적을 집계할 수 있는 체계나 시스템을 가지고 있는지에 따라 달라질 것입니다. 경우에 따라 아예 집계를 하지 않을 수도 있죠. 매일 들어오는 돈(매출액)만 집계하고 대략적으로 도시락 판매가격을 나누어서 판매량만 계산해 수요실적을 대신할 수도 있을 것입니다. 이런 체계를 따르면 정확하지는 않겠죠. 도시락 대금이 매일 그때그때 현금으로만 들어온다면 가능하겠지만 그렇지는 않잖아요. 그렇다면 한 달에 한 번 대략적으로 판매실적을 집계할 겁니다. 그렇다면 어렵게 만들어 낸 수요계획은 어디에 쓰일까요?

수요계획은 가장 우선적으로 공급계획을 수립하는 데 사용됩니다. 몇 개가 팔릴지에 따라 도시락을 몇 개 만들지를 계획할 테니까요. 혹자는 이렇게 생각하실 겁니다. 공급계획을 왜 짜지? 수요가 들어오는 대로 만들어 버리면 매출도 늘고 이익도 늘어날 텐데…. 맞습니다. 우리가 마법사라면 가능하죠. 문제는 우리가 마법사가 아니기 때문에 도시락을 만들기 위해서는 고기, 채소, 소스 등의 식재료와 음식을 만들 요리사, 그리고 밥을 짓고 반찬을 만들 때 필요한 조리기구와 설비들을 준비하는 데 시간이 필요하기 때문입니다. 그 중에서도 식자재 준비는 특히 중요하죠. 무한대로 미리 창고에 쌓아두고 사용할 수 있다면 좋겠지만, 고기나 생선 같은 식자재는 오래 보관할 수가 없죠. 그래서 수요계획이 만들어지면 그 수에 근거해서 공급계획을 짜야 합니다. 돈가스가 당일 메뉴였다면 돼지고기와 돈가스 소스 등이 얼마나 필요하고 어떻게 수급할지 계획을 짜야 합니다. 요리를 할 사람들도 몇 명이 필요한지 계산해서 근무계획을 짜야 하겠죠. 이것을 공급계획이라 부릅니다. 식자재가 문제없이 입고되고 요리를 할 직원들이 무리 없이 출근해 돈가스를 잘 튀겼다면 계획한 수량을 계획한 시간에 만들어 공급할 수 있을 것입니다. 이것을 공급실적 또는 생산실적이라 부릅니다. 이제 최종적으로 몇 개의 도시락이 팔렸는지를 집계해 수요실적(판매실적)을 집계하면 한 번의 공급 사이클이 완성됩니다. 판매실적이 중요한 이유는 이 정보가 쌓이면 수요계획의 정확도를 높일 수 있기 때문입니다. 이 과정이 순조롭게 잘 진행된다면 수요에서 계획한 양과 공급한 실적수량이 동일할 것이고 아래와 같이 가장 이상적인 공급 사이클을 구성하게 되겠죠.

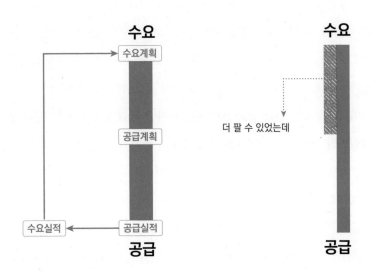

고객이 주문을 받아서 수요계획을 수립하고 이를 바탕으로 식자재와 필요 인력, 설비를 계산하여 공급계획을 수립합니다. 수립된 공급계획에 따라 도시락을 생산한 수량만큼 공급실적이 만들어 집니다. 그리고 만들어진 도시락을 고객에게 차질 없이 배달하면 수요실적이 나옵니다. 수요계획량과 공급량이 같기 때문에 수요의 시작점과 공급의 끝점 두께가 동일합니다. 단순화한 그림으로 보면 너무 간단해 보이는 일이지만 이 일들 사이에는 수많은 돌발상황과 시간 차이가 존재합니다. 그래서 항상 차질이라는 것이 발생하죠.

　수요가 공급보다 많은 경우는 도시락을 더 팔 수 있는 기회를 놓치는 결과를 가져옵니다. 따라서 놓친 기회만큼 매출이 줄어들고 이익도 줄어들 겁니다. 그래도 이 경우는 우리가 공급할 수 있는 양을 미리 알아서 수요가 있지만 주문을 받지 않은 상황이죠. 만약 우리 공급능력을 잘 모르고 주문을 다 받아 버렸다면 낭패입니다. 고객들이 주문한 도시락을 받지 못하게 되니까요. 고객 불만은 늘고, 신뢰는 떨어질 것입니다. 그래서 수요계획을 짤 때에는 우리가 만들 수 있는 최대량을 어느 정도 알고 있어야 합니다. 그것을 공급능력(Capacity, 줄여서 '카파'라고도 함)이라고 합니다. 최대공급능력은 우리가 얼마만큼의 자원을 가지고 있느냐에 달려 있습니다. 도시락에서 중요한 밥을 예를 들어 보면 일단 밥을 짓는 취반기와 지어진 밥을 용기에 하나씩 담는 배식기의 처리능력이 있을 겁니다. 최대로 몇 개까지 밥을 남아낼 수 있는지가 최대공급능력이 되겠지요. 여기에 밥의 재료인 쌀을 최대 얼마까지 하루에 조달할 수 있는지도 공급능력에 영향을 주고 밥을 짓는 과정을 수행하는 직원의 수도 공급능력에 영향을 주게 됩니다. 하지만 보통은 취반기나 배식기처럼 능력을 유연하게 바꿀 수 없는 자원에 맞춰 인력이나 식자재의 최대공급능력을 맞춥니다.

수요

남은 도시락은 어떻게?

공급

반대의 경우도 나쁘기는 마찬가지입니다. 예측한 수요보다 공급이 더 많은 경우입니다. 도시락 가게의 경우 주문을 받았는데 도시락이 모자라 도시락을 배달하지 못하는 것은 큰 사고이기 때문에 수요보다 공급량을 조금 더 준비하는 것이 일반적입니다. 주문을 처리하고 남은 도시락은 현장 판매를 하거나 직원 식사로 돌릴 수도 있을 겁니다. 하지만 그렇게 처리하는 데도 한계가 있죠. 처리 가능한 수량을 넘어가는 도시락은 버려야 합니다. 버리는 것만도 손실인데 음식물 처리에도 돈이 들어갑니다. 이래저래 돈이 들어갑니다. 그래서 최대한 수요와 공급을 맞추는 것이 아주 중요합니다.

마법사만 가능한 일

마법사는 수요를 받는 즉시 공급을 할 수 있는 능력을 가진 사람이죠. 그런데 현실에도 마법사와 비슷한 마술사가 있습니다. 이 둘의 차이점은 뭘까요? 결과를 내는데 얼마나 시간을 쓰느냐의 차이입니다. 만화나 영화에 나오는 마법사는 요청을 받으면 바로 지팡이를 휘두르고 결과를 만들어냅니다. 그럴 수밖에 없는 것이 마법을 쓰는 순간이 항상 절대 절명의 위험한 순간이죠. 시간을 끌 여유가 없습니다. 그런데 무대에 선 현실의 마법사는 어떻게 하던 시간을 끕니다. 대신 그 시간이 길게 느껴지지 않게 하기 위해서 미녀가 필요하고, 화려한 무대와 음악이 필요합니다. 실력이 있는 마술사일수록 연습을 통해 이 절대적인 시간을 줄입니다.

도시락 가게도 마찬가지입니다. 고객으로부터 주문을 받아 그날의 수요를 계산하는 시점과 모든 고객에게 도시락 배달을 마치는 공급을 완성하는 시점 간의 차이가 짧으면 짧을수록 실력이 있다고 할 수 있습니다. 이 시간을 '리드타임(LT, Lead Time)'이라 합니다. 도시락 가게를 포함한 제조회사에서는 리드타임을 줄이기 위한 노력을 끝없이 합니다. 리드타임이 짧으면 실력이 있다고 할 수도 있지만 훨씬 더 중요한 의미가 있습니다. 만약 1,000개의 도시락을 만드는 리드타임이 1일이라면 어떻게 될까요? 도시락은 하루 전에 만들어야 할 겁니다. 날씨가 더운데 하루 동안 만들어서 다음날 배달한다면 식중독 사건이 줄을 이을 겁니다. 날씨가 춥다면 식중독 문제는 없겠지만 고객은 차가운 도시락을 받을 겁니다. 리드타임을 획기적으로 줄여서 6시간이 걸

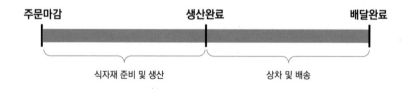

린다면 어떨까요? 도시락을 12시에 모두 배달한다고 가정하면 적어도 11시부터는 배달을 시작해야 할겁니다. 포장하고 배달하는 차에 싣는 시간을 30분이라 한다면 적어도 새벽 4시 30분에는 조리를 시작해야 합니다. 이걸로 끝난다면 그래도 다행이죠. 조리를 위한 식재료를 미리 준비해야 합니다. 식재료 주문도 미리 해야 하겠죠. 그래서 늦어도 전일 저녁 전에는 주문을 다 받아 확정해야 합니다.

생각해보세요. 여러분이 연우네 도시락 가게의 고객입니다. 다음날 점심 도시락을 먹으려면 전날 오후에 주문을 해야 합니다. 그리고 주문을 변경할 수 없습니다. 여러분은 연우네에서 계속 도시락을 사 드실까요? 평생에 한 번 사 먹기도 어려운 맛의 도시락이라면 그렇게 하겠지요. 그렇지 않다면 굳이 전날 오후에 주문을 해서 바꾸지도 못하는 도시락을 계속 사 먹지는 않겠지요. 그래서 도시락 가게 입장에서는 최대한 주문을 늦게 받을수록 더 많이 팔 수 있습니다. 고객의 입장도 마찬가지겠지요.

도시락 가게는 세 번의 중요한 시점이 있습니다. 고객들의 주문을 마감하는 시점, 주문 받은 도시락을 모두 완성하는 생산완료 시점, 그리고 고객의 손에까지 배달을 완료하는 시점이죠. 세 개의 시점을 동시에 처리할 수 있는 것은 마법사뿐이었죠. 우린 마법사가 아니니 최대한 이들 사이의 간격을 줄여야 최대한 맛있는 도시락을 고객에게 전달할 수 있고 고객만족으로 연결될 겁니다. 왜 집밥이 맛있을까요? 솔직히 모든 어머니의 음식 솜씨가 훌륭할 수는 없잖아요. 그 답이 그래프에 있습니다. 세 시점이 거의 동시에 이뤄지기 때문이죠. 일단 생산완료와 배달완료 사이의 시차가 전혀 없죠. 완성되는 순간 식탁에 올라가니까요. 그리고 주문마감 시점도 없습니다. 요구사항을 그때그때 반영하시죠. 마지막은 보통 라면수프로 귀결되겠지만요. 비슷한 이유로 뷔페의 즉석 요리코너가 가장 인기 있는 이유이기도 합니다. 이 원리는 비단 도시락 가게만의 문제는 아닙니다. 고객이 있는 세상의 모든 기업이 가진 공통적인 문제입니다.

마법사가 아니라면

마법사가 아닌 연우네가 이 시차를 어떻게 줄일 수 있을까요? 먼저 주문마감부터 생산완료 사이의 시차를 줄이는 것부터 보죠. 이 사이에 해야 할 일은 식자재 준비 및 도시락 생산입니다. 식자재를 준비하는 시간을 줄이는 방법은 간단합니다. 모든 필요한 식자재를 미리 사서 쌓아두면 됩니다. 그렇게 하면 엄청 큰 냉장고가 있는 창고가 있어야 할 것이고, 돈이 많이 필요할 겁니다. 또 너무 오래된 식자재는 썩어서 버려야 하겠죠. 생각할 수 있는 방법은 보관을 오래할 수 있는 것과 없는 것을 구분해 오래 보관할 수 있는 수급이 어려운 자재는 미리 발주를 내고 사두는 방법이 있겠죠. 그리고 고기, 생선, 채소와 같은 것들은 가까운 곳에 제공할 거래처를 두고 미리 생산계획을 공유하면 될 겁니다. 그래서 공급(생산)계획이 필요합니다.

생산완료와 배송완료 사이의 시간은 어떻게 줄일까요? 도시락 생산 라인에서 나와 배송차에 실릴 때까지의 시간을 최대한 줄여야겠죠. 그리고 배달하는 루트를 잘 설계해서 도로에서 버리는 시간을 최소화하면 될 겁니다. 그렇지만 아무리 잘해도 거리가 너무 멀면 절대적인 시간이 늘어나기 때문에 배송거리를 적절하게 유지할 수 있는 루트에서만 주문을 받아야 할 수도 있습니다. 예를 들어 강남에서 900개 정도의 도시락을 판매하고 있는데 강북에서 도시락 주문 10개가 들어온다면 무턱대고 주문을 받아서는 안 되겠죠.

마켓컬리가 샛별배송(전일 밤에 주문한 물품을 새벽에 문 앞에 가져다 두는 서비스)을 서울과 경기도에서만 하고 있는 이유입니다.

지금까지 설명 드린 것을 아무리 열심히 해도 절대적으로 필요한 시간이 있기 때문에 주문마감은 전일에 해야 할 것이고 생산완료도 10시에는 마쳐야 강남에서만 배달한다고 해도 12시에 고객의 손에 도시락이 들어갈 겁니다. 그런데 여러분은 전날 오후에 다음날 무조건 도시락을 먹겠다고 정하고 그대로 하시나요? 그렇지 않기 때문에 주문은 당일 점심시간에 최대한 가깝게 받고 마감할수록 좋은 거죠. 그런데 일본의 다마고야라는 도시락 회사는 주문을 당일 10시 30분에 마감하고도 12시 이전에 모든 배달을 마친다고 합니다. 개수가 적어서 그런거 아니냐고요? 하루에 거의 7만 개를 배달한다고 합니다. 그것도 교통지옥인 도쿄에서 말이죠. 어떻게 그런 기적 같은 일이 가능할까요?

가장 긴 시간이 걸리는 일은 주요 식자재를 확보하는 일입니다. 오늘 메뉴가 돈가스라면 돈가스용 고기 7만 개 분을 확보해야 하겠죠. 상암 월드컵 경기장 최대 수용인원이 6만 명이니 그곳을 가득 메운 사람들에게 돈가스를 제공할 정도의 돼지고기를 확보하고 준비해야 하니 당일 가까운 정육점에서 사오는 건 불가능하겠죠. 그래서 대량으로 고기를 공급해 줄 공급업체를 다수 확보해야 하고, 미리 주문을 해둬야 할 겁니다. 그래야 공급업체도 고기를 준비할 테니까요. 문제는 주문 마감 시간이 당일 오전 10시 30분이라는 겁니다. 배달까지 1시간 반이 남는데 배송만도 빠듯한 시간이죠. 그래서 메뉴가 정해지면 일정량의 돈가스용 고기를 미리 준비하는 거죠. 문제는 매일 바뀌는 주문을 어떻게 예측해서 필요한 돈가스용 고기량을 정하느냐는 겁니다.

다마고야의 도시락 주문량은 요일이나 날짜에 따라 달라진다고 합니다. 월요일은 6만 3천 ~ 6만 8천 개, 화요일은 6만 ~ 6만 4천 개, 수요일과 목요일은 5만 9천 ~ 6만 3천 개, 금요일은 많으면 6만 개, 적으면 5만 7천 개 정도입니다. 월요일과 금요일의 주문량 차이가 클 때는 1만 개입니다. 이렇게 차이가 나는 이유는 월요일의 경우 주말에 외식 등으로 돈을 많이 쓰고 절약한다는 마음으로 도시락으로 식사를 한다고 합니다. 금요일은 최근 탄력근무제 증가로 오전만 근무하는 인력이 많아져서 점심을 사무실에서 먹지 않는 경우가 늘어서라고 합니다. 이뿐 아니라 월말 결산일의 경우 바쁘니까 사무실에서 도시락을 시켜 먹으면서 일하는 경우가 있어 주문량이 늘고, 비가 오거나 너무 덥거나 추울 경우 주문량이 늘어난다고 합니다. 메뉴도 영향이 있고요. 그래서 특정한 조건이 합쳐지는 경우, 예를 들어 월요일인데 비가 오고 인기 있는 메뉴가 나오는 날은 주문량이 7만 개를 넘을 확률이 높아지는 거죠.

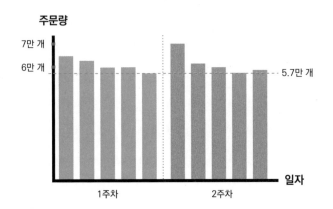

어떤 경우이든 5만 7천 개 밑으로는 떨어지지 않습니다. 이렇게 되면 최소 5만 7천 개의 돈가스용 고기는 미리 준비해도 되는 것이죠. 하지만 아직 최대 치와 최소 준비량 사이에 1만 3천 개 정도의 차이가 있습니다. 1만 3천 개를 갑자기 준비하는 것도 보통 일은 아니죠. 그래서 좀 더 정밀하게 요일별로 접근하고 가능하면 다른 요인까지 감안해서 미리 준비하는 양과 최종 양의 차이를 줄일수록 안정적으로 도시락을 만들 수 있겠지요. 이 정도만 되어도 전일에 대부분의 돈가스 고기를 주문하고 새벽에 배송 받을 수 있게 됩니다. 그리고 입고된 6만 개 정도를 새벽부터 준비할 수 있는 것이죠. 실제로는 이렇다고 합니다. 전날 사전 작업을 해두는 경우도 있지만 도시락 공장은 당일 오전 4시부터 가동합니다. 새벽 2시에 직원 10명이 출근해 식자재를 확인하고 품질 검사를 한 후에 도시락 사전 준비에 착수합니다. 새벽 4시가 되면 조리 및 취반 담당 직원 약 50명이 출근해 본격적으로 도시락 생산을 시작합니다. 조리 및 취반 담당 직원은 새벽 4시에 출근하지만 아직 그날의 주문은 정해져 있지 않습니다. 오전 9시가 되어서야 주문이 들어오기 시작합니다. 이는 실제 주문량을 모르고 밥과 돈가스를 만들기 시작한다는 겁니다. 기본 수량인 5만 7천 개는 어찌됐든 만들어야 하니까요. 그리고 9시부터 받은 주문이 10시 30분에 확정이 되면 차이가 나는 수량만큼의 식자재는 공급업체에 나눠서 긴급 주문을 하면 되는 거죠. 공급업체를 공장 주변에서 찾아 두었다면 금방 가지고 올 수 있으니 더 좋을 겁니다.

공급망 관리의 기본 원칙

지금까지 말씀드린 이야기가 도시락 가게에만 국한된 일일까요? 시간과 규모의 차이만 있을 뿐 거의 모든 제조회사가 똑같은 메커니즘에 의해 움직입니다. 새로운 스마트폰을 출시할 때마다 애플과 갤럭시가 왜 그렇게 미리 광고에 돈을 쏟아 붓고, 사은품을 포함한 인센티브를 주면서 사전예약을 유도하는데 혈안일까요? 도시락 가게와 똑같은 이유입니다. 우리 회사가 감당할 수 있는 수준에서 고객의 주문을 최대한 많이 받기 위해 최소 예측량과 실제 판매량의 차이를 최대한 줄이기 위해서입니다. 100만 대를 만들 수 있도록 공장과 원자재를 준비해 놓았는데 초반 판매가 50만 대 분량 정도라면 50만 대 분량의 자재, 생산설비 및 인력은 놀고 있어야 하니까요. 그렇다고 적게 준비를 해 두면 출시 후 1달 정도가 지나면서 갑자기 주문량이 늘어나면 감당을 할 수 없겠죠. 그래서 수요와 공급 사이에 공급(생산)계획이 필요하고 이를 얼마나 잘 수립하느냐에 따라 판매를 극대화할 수 있는 겁니다. 결론적으로 모든 공급망 관리의 기본 원리는 간단합니다.

1 수요와 공급을 최대한 맞춘다.

2 이를 위해서 주문을 받을 때부터 고객에게 제품을 배송 완료하거나 서비스를 마칠 때까지의 시간(전체 리드타임)을 최소화한다.

3 리드타임을 최소화하기 위해 계획과 실적을 끊임없이 관리한다.

4 이상의 일을 최소한의 자원으로 수행한다.

공급망을 잘 관리한다는 것은 이상의 네 가지를 잘 한다는 것이고, 그것이 실행되고 구체화하는 방식과 모습은 시대와 환경에 따라 달라지지만 기본 원리는 같은 것이죠. 공급망 관리를 위해 필요한 일의 본질은 이게 전부입니다. 그런데 여기서 끝나지 않고 다음 단계가 있습니다.

5   잘 돌아가면 수요를 늘려 십자가의 크기를 키운다.
6   이상의 과정(1번 ~ 5번)을 계속 반복한다.

이 과정이 반복되면 될수록 십자가는 점점 커집니다. 그래서 처음에는 특별한 관리가 필요 없던 공급망의 규모와 복잡도가 점점 커지고 높아지겠죠. 수요계획과 공급계획이 필요해지고, 이런 계획과 실적을 초기에는 사람이 수작업으로 관리하다가 어느 수준 이상이 되면 컴퓨터의 힘을 빌리게 됩니다. 이름은 익숙한 APS(공급망 계획관리, Advanced Planning & Scheduling), SRM(공급업체관리, Supplier Relationship Management), CRM(고객관리, Customer Relationship Management) 등의 정보 시스템을 사용하게 되는 거죠.

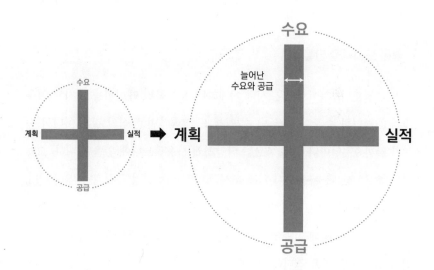

SCM에 대한 첫 책을 준비할 때 개인적으로 이 지점에서 잠시 고민에 빠진 적이 있습니다. 수요와 공급을 맞추기 위해 계획을 하고 실적을 어렵게 집계하고 데이터를 쌓아서 그 결과를 다시 계획의 정확도를 높이는데 반영하는 이런 복잡하고 어려운 일을 무릅쓰면서 왜 사업 규모를 계속 키우려고 하는 걸까? 적당한 규모에서 정해진 주문만을 받고 판매한다면 재고를 쌓을 필요도 없을 것이고 엄청난 시스템 투자를 해가며 공급망 관리를 할 필요가 없을 텐데… 그런데 대부분의 회사가 4번에서 멈추지 않습니다. 나머지 5번과 6번의 단계를 밟습니다. 그것도 한 번에 끝나지 않죠. 끝도 없이 반복합니다. 그러면서 수요의 크기를 늘리고, 공급량도 늘립니다. 그 결과 십자가의 크기는 계속 커져갑니다. 왜 그럴까요? 그 이유를 연우네 도시락 가게에서 다시 찾아보겠습니다.

좋은 도시락을 만들려면

어느 정도 규모 이상의 도시락 가게라면 표준화된 레시피를 가지고 있을 것이고 웬만한 수준의 맛은 낼 수 있겠죠. 그렇다면 음식의 질은 어디서 승부가 날까요? 얼마나 좋은 재료를 다양하게 사용하느냐에 있을 겁니다. 그렇다고 좋은 재료를 사용하기 위해 도시락 가격을 무한정 올릴 수는 없습니다. 도시락을 10만 원에 사서 먹을 사람은 많지 않을 테니까요. 도시락 가격은 만 원 정도에서 정해지겠죠. 도시락 하나를 돈의 관점에서 보면 다음 그림과 같이 정리될 수 있을 겁니다.

도시락 가격이 만 원이라고 가정하면 도시락 하나를 팔면 판매가 만 원이 생깁니다. 그리고 이 도시락 하나를 만드는 데 7천 원의 원가가 들어갔습니

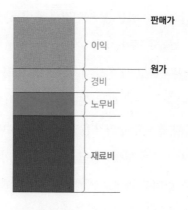

다. 원가는 다시 크게 세 가지로 나뉩니다. 가장 큰 부분이 돈가스용 고기, 채소 등을 사는 재료비입니다. 두 번째는 그 재료를 이용해서 조리하고 배달하는 사람들의 인건비입니다. 마지막은 경비인데 조리를 하는 과정에 기계를 돌리기 위해 전기도 사용할 테고, 채소나 고기, 생선을 손질하기 위해 물도 쓰겠죠. 이런 다양한 곳에 돈이 들어갑니다. 이런 돈을 합쳐 경비라 합니다.

자, 이제 여기서 처음 제기했던 문제로 돌아가보죠. 좋은 도시락을 고객에게 제공하기 위해 좋은 재료를 사용해야 합니다. 막대 그래프 상에서 좋은 재료를 사기 위해 재료비를 늘리려면 어떻게 하면 될까요? 가장 간단한 방법은 이익을 줄이는 겁니다. 3천 원이라는 이익이 있으니 2천 원을 재료비로 돌리고 아쉽지만 이익을 줄입니다. 그런데 경쟁 도시락 가게가 더 좋은 재료로 우리 손님을 계속 뺏어가는 겁니다. 이제 줄일 수 있는 것은 조금 남은 이익과 직원들의 월급인 노무비, 경비 뿐입니다. 사용하지 않을 때 기계를 끄게 하고, 물을 절약하게 해서 경비를 최대한 줄였습니다. 1% 정도를 줄이는데 피나는 노력이 필요했고, 직원들의 불만은 하늘을 찌릅니다. 그래도 상대가 안됩니다. 이제 건드릴 수 있는 것은 인건비 뿐이죠. 방법은 두 가지 입니다. 사람을 줄이거나, 월급을 줄이거나. 둘 다 쉬운 일은 아니죠. 악순환은 계속 됩니다. 그럼에도 불구하고 이익 없이 직원도 줄이고, 경비를 줄이기 위해 고 생고생하며 도시락을 만들어 파는데도 상황은 전혀 나아지지 않습니다. 왜 그럴까요? 십자가의 크기를 늘리지 않았기 때문입니다.

돈가스용 고기가 100개 필요하다면 근처의 정육점에 가서 약간의 할인을 받을 수 있습니다. 그리고 가게로 가져와서 돈가스에 적합한 상태로 만드는 작업을 직접 해야 합니다. 그런데 만 개가 필요하다면 상황은 달라집니다. 고 기를 전문적으로 가공하는 공장에서 공급을 받게 될 것이고, 매입 단가는 정육점에서 살 때와는 비교할 수 없을 것입니다. 거기서 그친다면 노력으로 극복할 수 있겠죠. 대량으로 구매하니 공장에서 필요한 시점에 냉장차를 이 용해 필요한 시점에 가져다 줍니다. 그리고 사전 준비도 요구할 수 있습니다. 우리 가게가 원하는 돈가스 고기의 준비 상태를 공유하고 같이 개발할 수 있 습니다. 돈가스용 고기를 전문으로 하는 업체라면 그들의 노하우가 더해져 돈가스의 품질은 더 높아지겠죠. 이렇게 같은 재료비 비율을 가지더라도 실 제 돈가스용 고기의 질은 큰 차이가 납니다. 이렇게 절감한 돈으로 또 투자 를 합니다. 도시락을 자동 포장하는 기계, 쌀 씻는 것부터 취사까지 한꺼번 에 해주는 취반기, 다 지은 밥을 밥도시락에 담는 배식기도 투자합니다. 효 율이 높아지고 인력을 줄이면서 도시락의 품질은 올라가게 되죠. 그러면 다 시 재료비의 비율을 높일 수 있습니다. 안 그래도 차이가 나던 재료의 품질 은 더 큰 차이가 나게 되겠죠. 물량이 수만 개 이상이라면 처음부터 제품을 같이 개발할 수도 있을 겁니다. 이렇게 건널 수 없는 강이 만들어지는 겁니 다. 다마고야의 경우 새우튀김이 좋은 예입니다. 시중에 파는 새우튀김은 튀김 옷 65%에 내용물은 35% 정도가 기본입니다. 그것보다 튀김 옷이 얇아지면 튀길 때 찢어지거나 내용물이 손상돼 불량품이 생길 확률이 높아집니다. 그렇지만 새우튀김은 원래 튀김 옷이 얇을수록 식감이 좋고 새우 본연의 맛을 느낄 수 있습니다. 그래서 다마고야는 50대 50의 비율로 맞춰 제품을 납품 받는다고 합니다. 업체에게는 까다로운 요구지만 수량이 6만 개가 넘다 보니 수용할 수 밖에 없습니다.

이런 일은 도시락 가게에서만 일어나는 일일까요? 전혀 그렇지 않습니다. 이 메커니즘은 스마트폰, TV, 냉장고 등을 포함한 거의 모든 제조업의 공급망에서 작동합니다. 작동할 뿐 아니라 훨씬 더 강력하기도 합니다. 특히 스마트폰이나 자동차는 어떤 회사나 탐내는 산업입니다. 전 세계에서 거의 모든 회사가 뛰어들고 싶은 먹잇감이죠. 그런데 특출한 몇몇의 기업이 대부분의 시장을 차지하고 있습니다. 규모의 경제와 쉼 없는 혁신으로 효율을 극대화하고 그렇게 남긴 여력으로 투자를 했습니다. 도시락 가게는 식자재의 질을 높였다면 스마트폰이나 자동차 회사는 제품개발에 자원을 투입했습니다. 그 결과 가격은 십 년 전과 비슷한데 제품의 성능은 비교할 수 없을 만큼 높아집니다. 규모가 적은 기업에서는 도저히 뛰어들 수 없는 격차를 만들어 낸 것이죠.

제조업도 공동 개발을 합니다. 핵심 부품을 협력업체와 같이 개발하기도 하고, 제품을 만드는 장비를 같이 개발하기도 합니다. 이렇게 하면 도시락 가게가 새우튀김의 세세한 가공까지 정할 수 있었던 것처럼 제조회사도 자신들의 제품 특성과 성능에 맞춰진 부품이나 가공 장비를 얻을 수 있습니다.

갓 사회에 나와 햇병아리 시절에 우리나라를 대표하는 전자회사에 견학을 갔습니다. 그때는 그런 일이 많았죠. 공장에 들어갔더니 다양한 기계들이 한 줄로 죽 늘어서 있었습니다. 그 중에 특히 눈에 들어온 장비가 칩마운터라는 녀석이었습니다. 전자 기판에 미리 프로그램된 대로 부품들을 자동으로 부착하는 기계였죠. 경험이 없었던 제가 보기에는 그 기계가 거의 모든 일을 다 하는 듯이 보였습니다. 마지막 최종검사와 이동만 사람이 하는 듯했죠. 그런데 그 칩마운터는 장비제조 회사에서 사온 것이었습니다. 그래서 이런 생각이 들었습니다.

'저 장비를 만드는 회사가 이 일을 가장 잘할 수 있는 것 아닐까? 그런데 왜 직접 제품을 만들지 않고 장비를 만들어서 팔까?'

지금 생각하면 정말 어리석은 질문이었죠. 같은 회사에서 생산된 기계들이지만 그 기계를 자신의 회사 제품에 맞도록 변경하고 각 기계들 간의 배치를 어떻게 하느냐에 따라 생산성과 제품의 품질이 확연히 달라집니다. 그리고 높은 수준의 회사일수록 제품을 개발하는 초기에 장비 제조회사와 같이 개발작업을 한다는 것도 알게 되었습니다.

다시 처음의 밥공급망으로 돌아가 보죠.

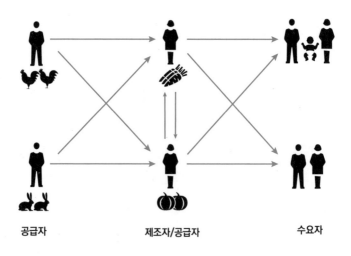

공급자   제조자/공급자   수요자

그림을 보면 밥공급망은 '밥을 제공하기 위해 형성된 공급자부터 수요자까지의 연결 구조'가 됩니다. 그리고 공급망이 점점 복잡해지면 '관리 (Management)'가 필요해진다고 했습니다. 그래서 공급망 관리(SCM, Supply Chain Management)가 등장하게 되었죠. 사전적 의미의 '관리'는 '한정된 자원으로 최대의 성과를 만들어 내기 위해 하는 일'입니다. 이제 SCM 이라는 용어를 구성하는 공급망과 관리를 합쳐서 정의를 내릴 수 있겠지요.

공급망 관리(SCM, Supply Chain Management)는,

'목적한 제품이나 서비스를 제공하기 위해 형상된 공급자부터 수요자까지의 연결 구조인 공급망이 가지고 있는 제한된 자원으로 최대의 성과를 올리도록 하는 일'입니다.

SCM의 본질

근래에 CSR(Corporate Social Responsibility), CSV(Creating Shared Value)가 회자되다가 최근에는 ESG(Environment, Social, Governance)가 화두입니다. 조금씩 의미와 추구하는 바가 다르지만 기업이 이익 추구에만 매몰되지 않아야 한다는 요구이지요. 이런 주장이 많다는 것은 거꾸로 생각하면 기업은 원래 이익 극대화를 목표로 한다는 것의 반증이지요. 따라서 기업의 관점에서 공급망 관리를 본다면 최대의 성과를 올리는 것은 이익을 극대화하는 것이 됩니다. 여기서 공급망 십자가가 연결됩니다. 이익을 극대화하는 것은 두 가지가 이뤄져야 합니다. 첫째, 많이 팔아야 합니다. 둘째, 파는 제품이나 서비스를 만드는 원가를 최대한 줄여야 합니다. 많이 팔기 위해서는 공급망 십자가의 크기를 계속 키워야 합니다. 그리고 그 과정에서 판매

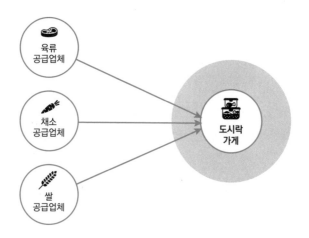

가와 비교해 원가의 비율을 규모의 경제와 혁신 활동 등을 통해 줄여야 하는 거죠. 이 과정이 원활하게 잘 돌아가기 위해서는 수요와 공급의 크기를 최대한 맞춰가야 하고, 이를 위해 각 단계에서 계획을 수립하고 실적을 집계하고 그 실적을 계획에 다시 반영하는 행위가 끊임없이 있어야 하는 겁니다. 저는 이런 모든 일이 공급망을 최적화하는 행위라 생각합니다.

처음에는 가족이라는 단순히 물리적인 공급망만 있었습니다. 관리는 없었죠. 식구는 챙기기만 하면 되는 거니까요. 도시락 가게를 열고 가게가 점점 커지면서 정해져 있던 수요를 넘어 예측하지 못했던 수요가 발생하고 또 그 규모가 점점 커졌을 겁니다. 그러면서 공급에도 문제가 생기게 됩니다. 도시락을 만드는 사람도 더 채용해야 했고, 무엇보다 문제가 되는 건 식자재 조달이었을 겁니다. 도시락 주문량이 수십 개에서 수백 개로, 다시 수천 개를 넘게 되면서 마을에 있는 식육점과 채소 가게만으로는 대응이 불가능하게 됩니다. 그래서 처음으로 우연이 아닌 의지에 의한 물리적 공급망이 구성됩니

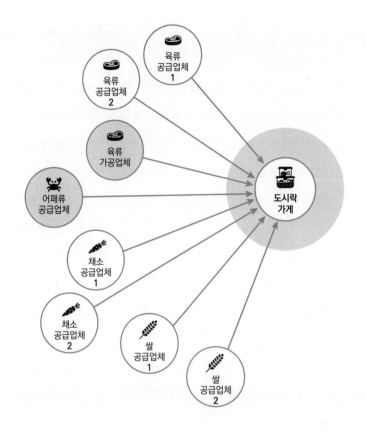

다. 일반적으로 의지에 의한 물리적 공급망 구성은 공급 쪽에서 시작됩니다. 아무래도 처음부터 손님(수요)을 가려 받기는 어렵죠.

근처에 있던 정육점이나 쌀가게에서 그때그때 필요한 만큼 구매하던 식자재를 이제는 정해진 업체에서 조달받게 됩니다. 아직은 구두로 계획을 공유하고 며칠이나 일주일 정도를 메뉴에 따라 주문하고 공급받는 형태입니다. 그런데 수요가 더 늘어납니다. 매일 천 개 이상의 도시락을 생산하게 되면서 육류, 채소, 쌀 등의 공급업체가 하나만으로 커버가 되지 않습니다.

육류도 채소도 하나가 아닌 여러 공급업체에서 공급받게 되고 메뉴를 다양화하면서 생선도 공급받게 됩니다. 그리고 소고기, 돼지고기, 닭고기를 고기 그대로 받던 것을 가공된 형태로 납품 받기도 합니다. 예로 들었던 돈가스의 경우 돈가스용 고기로 어느 정도 가공된 것을 육류 가공업체에서 공급받는 경우죠. 공급업체가 조금 늘어났을 뿐인데 공급망이 훨씬 복잡해졌지요. 무엇이든 복잡해지면 그 사이에서 비효율과 낭비가 생깁니다. 이를 줄이는 것이 공급망을 최적화하는 것이 되겠지요. 이것을 앞서 본 공급망 십자가의 관점에서 이야기하면 수요와 공급의 균형을 최대한 맞추고, 그 상태에서 들어가는 돈을 최대한 줄이는 것이 될 것입니다. 이를 위해서 공급망 자체를 조정하고 그 안에서 비용이 최대한 적게 들어가도록 개선을 하게 됩니다.

지금까지의 이야기로 볼 때 SCM의 본질은 두 가지로 정리할 수 있을 것 같습니다. 우연히 생긴 것이니 전략 따위는 없었지만 밥공급망도 처음에는 공급망이 '구성'되고, 시간이 지나면서 만들어진 공급망 안에서 '최적화'가 이뤄집니다. 즉, SCM의 본질은 '공급망 구성'과 '공급망 최적화'라 요약할 수 있습니다.

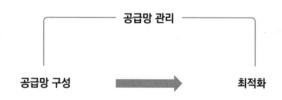

이제 공급망을 좀 더 구체적으로 볼 차례입니다.

"셋째 낳으면 은행 빚 갚아드려요"

인터넷 기사를 뒤적이다 눈에 확 띈 기사입니다. 그 소문을 듣지 않았다면 대수롭지 않게 넘어갈 기사였습니다. 셋째를 제 인생에서 가질 가능성은 거의 없기 때문이죠. 온 나라를 뒤집어 놓고, 수많은 어른들이 "미안해 ○○○" 챌린지를 이어가고 있다는 기사가 바로 아래에 붙어 있습니다. 그런데 또 애를 낳으면 은행 빚을 갚아 준다는 정책이 만들어지고 대대적으로 홍보되고 있는 겁니다.

도저히 사람이 한 짓이라 보이지 않는 입양아를 학대하고 사망하게 만든 사건에 대한 탐사보도를 보며 도저히 이해가 안 되는 점이 있었습니다. '자신의 아이도 있고, 입양하자마자 학대를 저지른 것 같은데 왜 처음부터 입양을 했나?' 하는 의문이었습니다. 얼마 후 이상한 소문이 돌기 시작했습니다. 떠도는 소문이라 팩트 체크는 되지 않았지만, 소문은 이랬습니다. 학대를 저지른 부부가 서울에서 아파트 청약을 받기 위해(청약점수에 부양가족 수가 영향을 미치나 봅니다) 입양을 했다는 겁니다. 마침 그날 신문에는 청약점수를 높이기 위해 자신과 살고 있는 동거남이 아닌 아이가 셋인 모르는 남자와 위장결혼을 해 분양을 받고 바로 이혼해서 청약이 무효가 된 사건이 보도되었습니다. 합리적인 의심을 거둘 수 없었습니다. 깊은 고민과 사후 영향성을 치밀하게 검토하지 않은 정책과 제도는 무서운 결과를 만들어 냅니다. 셋째를 낳으면 적지 않은 돈을 준다고 합니다. 대부분의 상식적인 사람들은 돈을 위해 아이를 셋까지 낳지는 않을 겁니다. 하지만 돈을 위해 셋째 아이를 낳는 사람들이 생긴다면 과연 그렇게 태어난 아이가 행복하게 자랄 수 있을 거라 장담할 수 있을까요?

갑자기 왜 SCM을 다루는 책에서 사회문제를 다루고 있냐고요? 관련이 있습니다. 제가 처음 SCM을 접했을 때 혼란스러웠던 부분 중에 하나가 그 실체가 무엇인지 헷갈리는 것이었습니다. 2000년 초반 즈음 미디어에 SCM이라는 용어가 회자되기 시작하더군요. 그런데 기사를 읽어 보면 제가 알던 정보 시스템이 아니라 '이론'이나 '개념'이었습니다. 호기심에 책을 찾아보면서 관련된 제약 이론, 네트워크 편성 등의 유사 개념을 알게 되었죠. 그리고 얼마 후, 저는 SCM 구축 프로젝트에 참여하게 되었죠. 제 일은 전체 회사의 SCM 체계를 구축하는 것이었고, 그 일의 대부분은 원래의 프로세스(일하는 방법과 절차)를 SCM 체계에 맞도록 바꾸는 것이었습니다. 이것을 프로세스 혁신 혹은 PI(Process Innovation)라고 불렀습니다. 제 경험에 비추어 보면 SCM은 경영 이론이었고, 프로세스의 모음이기도 했다가 컴퓨터 시스템이라는 실체이기도 했습니다.

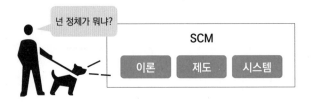

처음에는 여러 용어가 혼재되면서 각각을 별개의 것으로 인식하기도 했지만, 결국은 세 가지 모두가 SCM의 실체였다는 것을 한참이 지나서야 깨닫게 되었죠. 그리고 이런 혼란은 SCM뿐 아니라 대부분의 정보 시스템, 나아가 사회 현상까지 유사한 형태를 띠게 된다는 것을 알게 되었습니다.

개념편

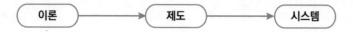

이론 ⟶ 제도 ⟶ 시스템

처음에는 이론으로 시작되지만, 제도나 법규로 만들어지고 이를 잘 운영하기 위한 방법으로 정보 시스템의 지원을 받는 과정을 거치게 되는 거죠. 이것을 하나의 '체계가 만들어지는 과정' 정도로 이름 붙일 수 있을 것 같습니다. 실제 사례를 들어볼까요?

코로나19로 일상이 많이 바뀌었습니다. 그 중에 가장 큰 변화는 마스크의 일상적인 착용입니다. 이것을 '체계가 만들어지는 과정'의 틀로 설명해 보죠.

코로나19 환자가 늘어나고 이를 막기 위해 연구가 시작되었습니다. 그리고 하나의 이론이 나옵니다. 코로나19는 침방울 같은 비말을 통해 전파된다는 것이었죠. 이를 막을 방법이 연구되었고 가장 효과적이라 선택한 것이 마스크였습니다. 그래서 처음에는 마스크 착용을 미디어를 통해 권유했습니다. 그러다 사태가 심각해지면서 착용을 의무화하는 제도가 만들어집니다. 이를 어기면 벌금도 부과됩니다. 급기야 지하철을 타기 위해 교통카드를 태깅하면 "마스크를 착용해주세요."라는 말이 게이트에서 나오죠. 지금은 이 정도지만 여기에 안면인식 기술을 더한다면 마스크 미착용 시 게이트가 열리지 않게 해 지하철 탑승 자체를 막는 시스템을 구성할 수도 있을 겁니다. 실제로 국내의 몇몇 회사에서는 회사 출입구에 안면인식 장비를 설치해 마스크를 착용하지 않으면 출입이 안되도록 하고 있습니다. 이론이 제도화되고 그 제도가 잘 지켜지고 운영되도록 정보 시스템이 지원하는 체계가 만들어지는 것은 대체로 이런 과정을 거칩니다.

SCM도 똑같은 과정을 거쳐왔고 그 결과 이론, 제도, 시스템이라는 세 개의 얼굴을 가지게 된 겁니다.

제약과 패러독스

엘리 골드렛이 1984년 '더골(The Goal)'이라는 비즈니스 소설을 발표합니다. 이 소설을 통해 제약이론을 발표했는데 소설은 전 세계적으로 초 베스트셀러가 되었고, 제약이론과 골드렛은 세계적으로 유명해집니다.

제약이론은 TOC(Theory of Constraints)라고 합니다. 말 그대로 제약조건을 지속적으로 개선하여 공급망 전체의 성과를 향상시킨다는 이론입니다. 제약은 '공급망의 가장 취약한 부분' 혹은 '병목(Bottleneck)'으로 이해하면 됩니다. 그림으로 단순화 해보면 다음과 같을 겁니다.

공급망 전체의 처리 가능량을 파이프로 표시하면 중간중간에 A, B, C와
같이 공급망 전체의 처리량을 줄이는 병목이 발생하는 부분이 있을 겁니다.

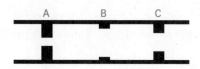

A, B, C 세 지점이 제약조건들이고 이를 순차적으로 개선해 없애면 공급
망 전체의 성과가 파이프라인의 원래 크기만큼 향상되겠죠. 단순화하면 이
것이 '제약이론'입니다.

이제 이 이론을 바탕으로 제도를 만들 차례입니다. 실제로는 수많은 제도
가 필요할 겁니다. 하지만 여기서는 이해를 돕기 위해 가장 단순하게 설명하
겠습니다. 제도는 궁극적으로 '일하는 절차의 모음'이 될 겁니다. '일하는 절
차'는 프로세스라 부르기도 합니다. 제약이론을 위한 제도로 앞에서 '제약을
최소화한 공급계획'을 제시했습니다. A, B, C 세 개의 제약으로 표시된 공급
망 전체의 제약을 최소화하고 이를 공급계획에 반영하기 위해서는 몇 단계
의 과정을 거쳐야 합니다.

제일 먼저, 공급망 전체의 제약조건을 찾아내야 합니다. 우리는 이미 A, B,
C라는 세 개의 제약조건을 찾아냈지요.

두 번째는 찾아낸 제약조건 중에서 가장 큰 것을 식별합니다. A가 될 겁니
다. 식별하면 제약조건 A를 제거합니다.

세 번째는 제약조건 A가 없어진 다음 가장 큰 제약조건을 식별합니다.
C가 되겠죠. 다시 C를 제거합니다. 이렇게 순차적으로 가장 큰 제약조건을

제거합니다. 이 과정을 제약조건이 없어질 때까지 반복합니다. 이론적으로는 제약조건이 전혀 없는 상태가 가능하겠지만 현실에서는 불가능하겠죠. 자원이 무한대로 들어가게 되기 때문이죠. 그래서 비용 대비 효율이 가장 높은 수준까지 반복합니다.

제약이론은 '제약조건을 지속적으로 개선하여 공급망 전체의 성과를 향상시키는 것'입니다. 공급망 전체의 성과를 향상시키는 일은 다른 말로 하면 '전체 최적화'입니다. 그런데 때로는 최적화를 설명하면서 글로벌 운영을 통한 비용과 재고 최소화를 말합니다. 어느 쪽이 맞는 것일까요? 답은 '둘 다 맞다'입니다.

과거에는 기업 전략이 양자택일인 경우가 많았습니다. 가격은 비싸지만 품질이 탁월한 제품을 만들거나, 품질은 기본기능을 잘 수행할 수 있는 정도이지만 경쟁자보다 가격을 현격히 싸게 하는 저가 전략을 택했죠. 그렇지만 지금은 기술 혁신, 비즈니스모델 혁신을 통해 가격은 더 싸고 품질과 성능은 더 우수한 제품이나 서비스를 제공하는 기업이 시장을 지배하는 경우가 많아졌습니다. 이 정도도 벅찬데 최근에는 기업이 이익 극대화에만 몰입할 것이 아니라 경제적 가치와 사회적 가치를 함께 창출해야 한다고 합니다. 기업의 비재무적인 성과와 사회적 책임을 강조하는 ESG(환경, 사회, 지배구조) 경영이 그것이죠. 이처럼 경제적 가치 창출과 사회적 가치 창출, 차별화 전략과 저가 전략, 성공과 실패, 창의성과 생산성 등 서로 상충되어 보이고 양립이 어려워 보이는 여러 목표와 요소들을 동시에 달성해 가는 경영 방식을 패러독스 경영(Paradoxical Management)이라고 합니다. SCM도 이런 상황에 놓인 겁니다. 모르긴 해도 길지 않은 미래에 'ESG 기반 SCM' 같은 용어가 나오겠죠.

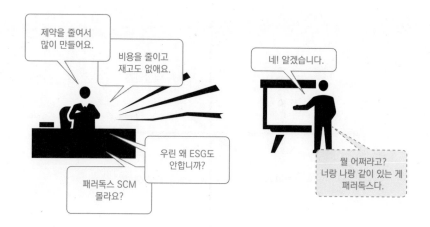

패러독스 경영을 SCM에 적용해 본다면 그림과 같은 대화가 가능하겠죠. SCM이 태동하게 만든 제약이론을 기반으로 제약을 계속 줄여나가면 처리량은 늘어납니다. 문제는 투입되는 자원이 많아지는 것이죠. 그래서 처리량을 최대한 늘리면서 비용과 재고는 줄이라는 상반되는 요구가 떨어집니다. 10년 동안 죽을 듯이 노력해서 겨우 두 가지를 충족하는 최적의 조건을 찾았는데 코로나19가 터지고 '안전'이라는 조건이 추가됩니다. 이것만 해도 미칠 노릇인데 환경과 사회를 고려하며 잘 하라고 합니다. 그래서 SCM을 구축하고 이해하는 게 점점 어려워지는 겁니다.

제품에 대한 소비자의 요구도 까다로워졌습니다. 보통 무언가를 만들어 팔기 시작하면 제한된 종류의 물건을 적은 양만 만들어 팝니다. 사업이 점점 잘 되면 제품의 종류와 상황에 따라 두 가지 길을 걷습니다. 제품의 다양성을 줄이고 몇 가지만 대량으로 만들어 팔거나, 반대로 많은 종류의 제품을 하나나 소량으로 만들어 팝니다. 전자를 전문용어로 MTS(Make To Stock) 전략이라 합니다. 대량으로 생산해서 재고를 쌓아두고 판매하는 방식이죠.

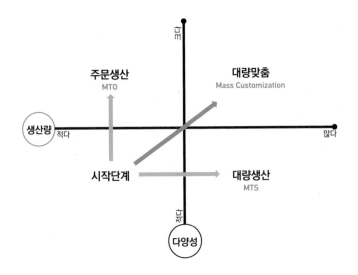

우리가 아는 대부분의 일상용품이 이 전략을 따릅니다. 비누나 샴푸부터 생수, 과자, 소주 등 마트의 선반에 올려져 판매되는 제품은 대부분 MTS 생산 전략에 따라 대량생산을 하는 제품입니다. 반면 고객의 주문을 받고 만들기 시작하는 후자의 생산전략을 MTO(Make To Order), 주문생산이라 합니다. MTO 전략은 주로 중공업이나 크기가 큰 제품에 사용됩니다. 큰 빌딩에 들어가는 압축기, 전력계통 제품, 엘리베이터 등이 여기에 해당하죠.

대량생산은 동일한 유형의 제품을 수십 만, 수백 만 개씩 만들어 팔기 때문에 가격을 낮출 수 있습니다. 가격이 낮아지면 구매할 수 있는 사람이 많아지기 때문에 기업의 입장에서는 많이 팔 수 있고, 개발비와 마케팅비 같이 하나의 제품을 몇 개 팔더라도 변동이 크지 않은 비용이 있어 이익이 커집니다. 하지만 마케팅에 실패할 경우 팔리지 않는 재고를 감수해야 하죠. 소비자 입장에서는 나에게 딱 맞춰진 제품은 아니지만 가격이 싸기 때문에 구매를 하게 되겠죠.

주문생산은 고객의 요구사항(스펙과 수량)에 맞춰 만들기 때문에 팔리지 않는 제품 재고가 발생할 가능성은 낮습니다. 그렇지만 고객의 요구에 그때그때 맞추기 위해서는 다른 희생이 필요하죠. 설계가 주문마다 달라질 것이고, 생산 라인도 표준화하고 자동화하기 어렵습니다. 고객의 요구가 까다로울수록 설계 기간과 생산 기간이 길어지겠죠. 고객 입장에서는 오래 기다려야 하고 자칫 잘못하면 약속된 날짜에 물건을 받지 못할 수도 있습니다.

이렇게 두 가지 전략은 일장일단이 있습니다. 이상적으로 가장 좋은 것은 오른쪽 상단의 사분 면입니다. Mass Customization, 즉 대량맞춤생산입니다. 과거에는 패러독스의 영역이었고 거의 불가능했습니다. 마법사가 필요했죠. 그런데 지금은 적지 않은 기업이 말도 안 되는 미션을 해내고 있습니다. 과거에는 양립할 수 없다고 선을 그었던 것이 지금은 가능한 이유가 무엇일까요? 기술이 발전했기 때문입니다. 그 기술의 핵심에는 IT(Information Technology, 정보기술)가 있습니다. IT가 어떤 역할을 했을까요?

설계와 생산에 필요한 시간을 단축했습니다. 만약 종이로 설계도를 그린다면 새 설계도를 그리는데 많은 시간이 걸리겠죠. 지금은 컴퓨터 프로그램으로 유사한 설계를 찾아 복사한 다음 필요한 부분만 수정하면 됩니다. 그런데 설계를 변경만 해서는 안됩니다. 이 설계가 실제 생산되는 제품에 반영되어야 합니다. 종이로 설계도를 그렸다면 그 설계도를 생산 라인으로 가져가 일일이 설명해야 했을 겁니다. 만약 애플이나 삼성처럼 글로벌 기업이라 생산 법인이 해외에 있다면 어떨까요? 엄청난 노력과 시간이 걸릴 것이고, 여러 번의 시행착오를 거칠 겁니다. 그 사이에 트렌드가 바뀌어 버릴 수 있습니다. IT 기술이 발전하면서 인터넷, 모바일 기기 등을 통해 설계 변경과 이에 따른 생산계획 변경 등을 거의 실시간으로 전 세계에 있는 판매, 생산 법인과 공유할 수 있게 된 거죠. 그래서 SCM을 논하면서 컴퓨터 시스템을 따로 떼어놓을 수 없습니다.

SCM 체계란?

앞서 이론, 제도, 시스템 간의 관계를 간단히 살펴봤었죠. SCM도 똑같은 과정을 거친다고 생각하면 됩니다.

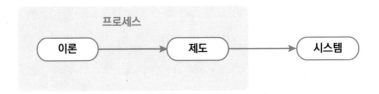

세 단계 중에 이론을 근거로 제도를 상세하게 구체화하는 것을 프로세스 혁신(PI, Process Innovation)이라고 합니다. SCM을 구축한다는 말은 궁극적으로는 이 프로세스를 환경변화의 방향에 맞는 형태로 만드는 것이라고 할 수 있습니다. 문제는 규모가 큰 기업의 경우 회사가 운영되기 위해 필요한 프로세스가 적지 않다는 것이죠. 글로벌 기업의 경우 관리되는 프로세스가 보통 수천 개에 달합니다.

제가 10대였을 때 조폭 영화가 유행한 적이 있었습니다. 하나의 장르로 분류될 정도였죠. 최근 대한민국 영화에서 폭력조직은 '러시아', '중국' 출신이 많지만, 과거 조폭의 트레이드 마크는 걸쭉한 전라도 사투리였습니다. 그들이 자주 하는 말에 '거시기'가 있습니다.

"거시기가 자꾸 거시기하고 댕기면, 우리가 거시기항께 언능 거시기 해부러라."

왠지 무슨 말인지 아실 것 같으시죠. 회사에서도 회의를 하면 비슷한 장면이 연출됩니다.

"그건 원래 프로세스에 문제가 있었던 것 같으니까, 재차 프로세스를 검증해보고, 새로 프로세스를 잡읍시다."

회사 생활을 하면서 가장 많이 듣거나 사용하는 단어 중 하나가 바로 '프로세스'입니다. 그럼에도 불구하고 갑자기 '프로세스'가 무엇이냐고 물어보면 속 시원한 답을 해줄 수 있는 사람이 드문 것도 사실이죠. 프로세스란 도대체 무엇일까요?

프로세스는 원래 'Process'라는 영어임에도 불구하고 국어 사전에 '프로세스'라는 항목으로 등재되어 있을 만큼 많이 익숙합니다. 프로세스는 사전적인 의미로 '일이 처리되는 경로나 과정 또는 절차'로 정의됩니다. 간단히 말하면 '일하는 방법'이라고 할 수 있습니다. 일을 한다는 것은 필요한 자원을 투입(입력)해 어떤 처리의 과정(프로세스)을 거쳐 원하는 결과(출력)를 얻는 것입니다. 그래서 하나의 프로세스는 입력, 프로세스, 출력의 세 가지 요소로 구성됩니다.

고귀한 혈통을 지니신 마눌님께서 자신의 우아함에 가장 잘 어울리는 명품백을 선물로 달라는 입력을 넣었습니다. 이걸 회사에서는 '구매 요청'이라 합니다. 구매 요청을 받으면 물건을 사야 하겠죠. 적합한 물건을 고르고 백화점이나 온라인 매장에서 구매하면 '샤넬백'이라는 출력이 만들어질 겁니다. 이 과정을 프로세스로 정리하면 그림과 같은 형태가 될 겁니다. 해야 할

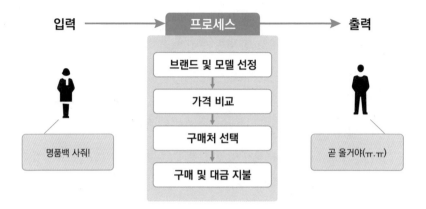

일이 순차적으로 정리되어 있죠. 그래서 프로세스를 '일이 처리되는 경로나 과정 또는 절차'로 정의합니다.

그런데 기업은 하나의 프로세스로 해결되지 않죠. 이런 프로세스가 수없이 모여야 운영이 됩니다. 그렇다고 그냥 프로세스를 모으기만 하면 낭비가 많아지고 효율이 떨어집니다.

그래서 각 프로세스가 일정한 상호연관관계를 갖고 공통의 전체 목적에 공헌하도록 만들 필요가 있습니다. 그렇게 만든 것을 '체계'라고 합니다. 체계는 영어로 번역하면 시스템이 됩니다. 하지만 이 책에서 시스템은 '컴퓨터 시스템'에 한정하겠습니다. 기업의 관점으로 보면 '체계'는 특정한 목적을 달성하기 위한 '프로세스의 모음' 정도로 볼 수 있습니다. 그렇다면 SCM 체계는 이렇게 볼 수 있겠네요.

▪ 공급망이 최대의 성과를 올리게 하는 프로세스의 모음

그렇다고 프로세스를 질서 없이 마구 모으면 더 혼란스러워집니다. 그래서 하는 일을 크게 묶고 이 일들을 회사의 수준과 상황에 따라 적당하게 세분화하면 대략 다음과 같은 형태의 체계를 만들 수 있습니다.

박스로 표시된 모든 것은 뒤에 '프로세스'를 붙일 수 있습니다. 가장 크게는 1단계에서 수요 프로세스와 공급 프로세스로 나눌 수 있고, 수요는 다시 마케팅과 판매 프로세스, 공급은 제조와 구매 프로세스로 구성되는 형태이지요. 그림에서는 이해를 돕기 위해 일반적으로 사용되는 전체 프로세스를 보여주지는 않았습니다. 횡으로도 더 많은 프로세스가 있고, 종으로도 몇 단계 더 깊이 정의하는 것이 일반적입니다. 대기업군에 속하는 기업이라면 횡으로는 2단계가 보통 8개에서 10개 정도로 세분화됩니다. 종으로는 6단계에서 8단계까지 세분화되죠. 최하위 프로세스 개수가 보통 천 개가 넘습니다.

각각의 프로세스를 SCM 관점에서 정리하고 정비해 나가는 것을 '혁신활동(PI, Process Innovation)'이라고 합니다. 혁신활동을 통해 프로세스를 질서 없이 모으기만 하는 것이 아니라 체계를 가지고 정리하고 프로세스 간의 연관관계도 정리합니다. 이런 작업을 하는 이유는 '컴퓨터 시스템(이후로는 '시스템'이라 칭하겠습니다)'을 잘 만들기 위해서입니다.

결과적으로 SCM 체계는 수많은 프로세스의 체계적인 모음입니다. SCM 구축은 정리된 프로세스를 컴퓨터 시스템으로 만드는 과정입니다. 그러면 SCM 체계에 들어가는 모든 프로세스를 완벽하게 한 번만 잘 만들고 나면 끝일까요? 코로나19를 종식시키기 위해 착용하고 있는 마스크를 생각해 봅시다. '공공장소와 지하철, 버스 안에서 마스크를 착용하세요'라고 프로세스만 정해 놓으면 사람들이 모두 이 규칙을 지킬까요? 같은 원리로 프로세스를 정의하는 것만큼 사람들이 정해진 프로세스를 잘 지키도록 해야 합니다.

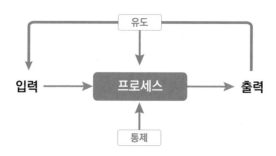

그래서 입력, 프로세스, 출력이라는 프로세스의 기본 3요소 외에 사람들이 프로세스를 지키게 만들 통제와 유도책이 필요합니다. 일반적으로 통제는

프로세스를 설계할 때 포함하는 경우가 많고, 유도는 프로세스에 포함되기도 합니다. 하지만 주로 출력인 결과를 파악하고 분석해 입력을 개선하는 형태로 적용됩니다.

상앙의 이목지신(移木之信)

"이 나무기둥을 북문 앞으로 옮기는 자에게 금전 10개(十金)를 주겠다."

도성의 남문 앞에 커다란 방이 붙었습니다. 그 옆에는 방의 내용처럼 긴 나무기둥이 하나 서 있었습니다. 하지만 사람들의 반응은 시큰둥했습니다. 금전 10개라는 보상에 비해 해야 할 일은 너무 쉬웠기 때문이죠. 행여나 다른 의도가 있는 건 아닌지 의심도 했습니다. 하루가 지나도 나무기둥은 그 자리에 서 있었습니다.

"이 나무기둥을 북문 앞으로 옮기는 자에게 금전 50개(五十金)를 주겠다."

상금이 5배가 되었습니다. 나무 주위로 사람들이 모여 웅성거렸습니다. 그래도 사람들은 섣불리 나무를 옮기려 하지 않았습니다. 오히려 벌을 받을까 두려워했죠. 그때 건장한 한 남자가 나섰습니다. 수많은 눈이 그의 일거수일투족을 쫓습니다. 잠시 망설이다 나무를 번쩍 들고 움직이기 시작합니다. 사람들은 앞으로 무슨 일이 벌어질까 궁금해 그의 뒤를 졸졸 따라 갑니다. 나무기둥이 얼마 지나지 않아 북문에 도착했고 고위 관리로 보이는 사람이 아무런 조건 없이 금전 50개를 그 남자에게 건넸습니다.

이야기의 주인공은 나무를 옮긴 사람이 아니라 관리인 상앙(商鞅)입니다. 고대 중국 진나라의 명재상이었고 진시황제가 최초로 중국을 통일할 수 있도록 기틀을 만든 사람 중 한 명입니다. 상앙은 법치주의를 표방하고 이를 바탕으로 부국강병책을 적극 추진하여 당시 진나라 왕이었던 효공(孝公)의 신임을 받았습니다. 상앙은 법치주의자답게 법의 제정이나 시행에 매우 신중한 면모를 보였는데, 이 이야기도 그런 과정에서 나왔습니다. 후대에 이목지신(移木之信)이라는 고사로 알려지게 되죠. 한자 그대로 풀면 '나무 옮기기로 믿음을 주다'입니다.

어렵게 왕의 신임을 받고 권력을 잡은 상앙은 자신의 정치철학인 법치주의로 나라를 부강하게 만들고 싶었습니다. 하지만 그는 서두르지 않았죠. 법을 세상에 내놓는 것이 능사가 아니라 백성들이 나라를 믿고 잘 따라 주는 것이 중요하다고 생각했습니다. 그렇지 않고 사람들이 그 법을 우습게 알거나 잘 모르면 아무 소용이 없죠. 그래서 어떻게 하면 백성들의 관심을 끌어 모을 수 있을까 고민했고 그 결과가 이목지신((移木之信)이었습니다.

이목지신((移木之信) 이벤트 후에 진짜 법령을 발표합니다. 이벤트로 나라가 약속은 틀림없이 지킨다는 사실은 인정했지만 그 법에 대해서는 상당한 거부 반응을 보였습니다. 조문의 내용들이 너무 엄했기 때문이죠. 그래서 시행 일 년 동안에 새 법령의 부당함을 지적하는 사람이 많았습니다. 이럴 때 필요한 건 '시범케이스'죠.

마침 그때 태자가 법을 어깁니다. 상앙은 속으로 '찬스' 했겠죠. 그리고 법에 따라 태자의 태부(太傅)를 참형에 처하고 태사(太師)는 칼로 이마를 째어 글자를 새깁니다. 백성들은 겁이 덜컥 났겠죠. 태자의 최측근과 스승까지 엄하게 벌을 주니까요. 십 년이 지나자 백성들은 법에 익숙해져 오히려 만족스러워했고, 태평성대의 시그니처인 '남의 물건이 길바닥에 떨어져 있어도 줍지 않았으며, 도적들이 자취를 감추었다.'는 말을 할 수 있게 됩니다. 뿐만 아니라 강력한 제도의 힘으로 백성들의 살림살이도 훨씬 좋아졌습니다.

정보 시스템 컨설턴트로 일하면서 제가 내린 시스템의 본질은 딱 두 가지입니다. '통제와 유도'입니다. 시스템은 통제해서 틀 안에서 일하게 하거나, 인센티브를 줘서 시스템을 설계한 사람이 원하는 행동을 하도록 유도하는 역할을 합니다. 통제는 어기면 벌이나 불이익을 받게 되고, 유도를 따르면 인센티브나 이익을 얻을 수 있습니다. 상앙의 고사에서 법령이 통제에 해당되고 이를 어긴 태자는 벌을 받았죠. 반면 나무기둥을 옮기는 것은 유도에 해당되고 그 일을 수행한 남자는 50개의 금을 상으로 받습니다.

시스템에서는 통제와 유도가 어떻게 적용될까요? 출장을 예로 들어 보겠습니다. 처음 사업을 시작하면 출장 프로세스라는 것이 없습니다. 일이 있으면 그냥 가고, 소요된 비용은 사후에 정산을 할 겁니다. 그러다 사업규모가 커지고 직원이 많아지면 문제가 생기기 시작하겠죠. 프로세스를 만들어 통제를 해야 합니다. 출장을 허가하는 통제가 만들어지고, 영수증이 없으면 처리를 해주지 않는다는 통제도 만들어지겠죠. 이런 업무 규칙들이 반영된 출장 프로세스라는 통제가 만들어집니다. 정보 시스템이 있는 회사는 시스템에 반영이 되겠지요. 그런데 운영을 하다 보니 계획성 없는 출장이 너무 많은 겁니다. 출장 처리도 사후가 압도적으로 많아요. 삐딱하게 보기 시작하니 불필요한 출장도 많아 보입니다. 그래서 이번에는 유도책을 만듭니다. 꼭 필요한 출장을 막을 수는 없으니 미리 계획을 해서 사전에 출장을 시스템에 올리면 출장비 중 일부를 미리 지급합니다. 그리고 결재도 직속 상사만 승인하면 되게 합니다. 반면 사후에 처리를 할 경우에는 결재를 하늘 높이 올려버립니다. 직원들이 어떻게 할까요? 직장생활 하루라도 해보셨으면 답은 정해져 있죠. 이것이 유도입니다. 통제와 유도는 고정되어 있는 건 아닙니다. 상황에 따라 통제였던 것이 유도로 바뀌기도 하고, 유도를 하다가 어느 정도 익숙해지면 통제로 바꾸기도 합니다. 출장 프로세스로 예를 들었지만 '통제와 유도'의 콘셉트는 SCM 프로세스 전체에 녹아 있습니다. 공급망 전체를 어떻게 통제하고 유도할 것인가에 대한 답이 SCM일 테니까요.

상앙은 그 뒤로 어떻게 되었을까요? 오래오래 행복하게 능력을 인정받고 살았을까요? 세상이 그리 호락호락하고 공명정대하지는 않죠. 세자가 왕위에 오르자 그는 모함을 받습니다. 목숨 걸고 도망쳐 국경까지 가죠. 밤이 깊어 여인숙에서 하룻밤 묵으려 하자, 여인숙 주인이 단호하게 말합니다.

"법령에 의해 여권이 없는 이를 투숙시키면 처벌받아요."

이 말에 상앙은 기뻤을까요, 슬펐을까요? 결국 그는 잡혀서 죽임을 당합니다. 자신이 만든 국가 통제 시스템에 죽임을 당한 거죠.

통제와 유도

제가 컨설팅을 하면서 실제로 사용했던 통제와 유도책은 크게 네 가지입니다.

먼저 통제부터 보겠습니다. 통제는 설계한 사람이 원하지 않는 행위를 강제로 못하게 하는 것입니다. 이 관점에서 보면 프로세스를 정의하는 행위 자체가 하나의 통제입니다. 프로세스와 단짝처럼 붙어 다니는 단어가 있습니다. 바로 '표준화'입니다. 프로세스는 먼저 표준화되어야 합니다. '마눌님 명품백 구매 프로세스'로 돌아가보죠. 명품백을 살 수 있는 방법은 셀 수 없이 많습니다. 백화점 같은 오프라인 매장에 방문해서 사도 되고 쿠팡, 옥션 등을 통해 온라인 구매를 해도 됩니다. 새것만 살 수 있는 게 아니죠. 중고로도 구매가 가능합니다. 그것도 오프라인과 온라인 모두 가능하죠. 그 중에서도 과거의 제가 제일 선호했던 방법은 중국 출장을 가면 항상 방문했던 짝퉁 시장에서 구매하는 것이었죠. 개인이야 가격과 품질만 보장된다면 어떤 방법을 선택해도 상관이 없습니다. 그러나 회사는 이렇게 중구난방으로 구매를 하게 되면 통제가 불가능합니다. 그래서 가장 효율적인 방식을 표준으로 정합니다. 상황에 따라 표준이 하나일 수도 있고 여러 개일 수도 있지만, 최대한 표준은 적게 가져가는 것이 좋습니다.

마눌님의 승인을 받아 백화점과 쿠팡에서 구매하는 것을 표준으로 정했습니다. 그런데 자꾸 짝퉁 시장을 향하는 제 발걸음을 막을 수가 없는 거예요. 이때 필요한 것이 '강제 규칙(룰셋, Rule-set)'입니다. 마눌님은 아마도 이런 강제 규칙을 만들 겁니다.

"정품 인증서 없는 인수는 없다"

통제책은 정해진 대로 프로세스를 준수하도록 합니다. 따라서 허용된 것 외는 못하게 하는 것이 주된 목적입니다. 반면 유도는 원하는 방향으로 사람들의 행동을 강화하게 만듭니다. 대표적인 것이 '핵심성과지표(KPI, Key Performance Indicator)'로 해석되는 'KPI'입니다. KPI는 어떤 프로세스를 운영할 때 지향하는 목표 수준을 정하고, 실적을 측정하여 목표와 비교해 운영 현황 및 진척도를 지속적으로 모니터링 하는 것을 말합니다. KPI를 달성하면 인센티브가 주어지고, 달성하지 못하면 질책을 받게 됩니다. '할 일 목록(To-do list)'은 프로세스와 담당자를 연계해 특정한 사람이 해야 할 일의 목록을 만들어 내는 것입니다. 여기에 일정이 더해지면 오늘을 기준으로 1주일 이내에 해야 할 일을 'To-do'로 보여줄 수 있겠지요. 날짜만 조정하면 지연 리스트도 줄 수 있을 겁니다. 이렇게 '해야 할 일'의 리스트를 보여줘서 미리 일을 계획하고 일정을 조정하도록 유도합니다.

'사전 경고(Early warning)'는 종종 '할 일 목록(To-do list)'과 유사하게 사용됩니다. '할 일 목록(To-do list)'에서 기간을 좀 세분화하고 리스트 앞에 신호등 모양의 아이콘을 더하면 '사전 경고(Early warning)'가 되기 때문이죠. 예로 들면 명품백을 구매하는 것을 최소 언제까지 마눌님의 손에 백이 들려야 화를 내지 않는다는 암묵적 기간이 있을 겁니다. 이 조건을 맞추기 위해서 최소한 언제까지 발주를 내야 하는지가 나오겠죠. 예를 들어 요청을 하고 5일 이내면 기분이 좋고, 10일 이내이면 약간 짜증을 내고, 11일이 지나면 폭발한다면 '사전 경고(Early warning)'는 6일과 10일 사이에 '경고(황색)'를 보여줄 것이고, 10일이 지난 시점부터는 '큰일났음(적색)'을 띄울 것입니다. 신호등에서 노란색을 보면 빨리 구매하려는 동기 부여가 될 겁니다. 그런데 이런 유도책은 잘 만들면 선순환을 만들지만 자칫 잘못하면 의도치 않은 악순환이 일어납니다. 대표적인 유도책인 KPI를 예로 들어 보겠습니다.

뉴스에서 국내 최대 기업이 효행상을 발표하는 것을 보았습니다. 최고의 효자, 효녀 몇 분이 상을 받으셨더군요. 그때 엉뚱한 상상을 했습니다. 얼마나 효도를 하는지 어떻게 측정을 할까? 어떻게 하면 더 많은 사람이 더 적극적으로 효행을 실천할까?

아침에 일어났더니 유교를 숭배하는 나라의 왕이 되어 있습니다. 유교의 이념을 국가 차원에서 실천하기 위해 효도를 적극적으로 장려하기로 했습니다. 1년마다 객관적으로 수치를 뽑아서 순위를 매기고 순위에 따라 포상과 세금 감면 등의 파격적인 혜택을 주기로 했습니다. 당신이라면 어떤 KPI를 만들겠습니까? 평소에 제가 하지 못해 안타까웠던 몇 가지가 떠올랐습니다.

- 부모님과 함께 보낸 시간
- 함께 본 영화 숫자
- 목욕시켜드린 횟수

이 정도면 괜찮을 것 같습니다. 그래서 전국에 방을 붙였습니다. 앞으로 효도는 세 가지 KPI로 측정하고 이를 고을 별로 집계하고 관리하기로 했습니다. 이 나라는 동방예의지국이 되었을까요? 효도가 아닌 학대로 이어진 사례가 많이 발생했을 겁니다. 부모님과 시간을 많이 보내야 하니 어떤 노인은 원래 몇 시간이던 학대를 하루 종일 받아야 했을 겁니다. 거동이 어려워 집 안에서 움직이기도 힘든데, 억지로 영화관에 끌려가셨을 수도 있겠죠. 설마? 하시는 분도 계실 겁니다. 하지만 이와 유사한 일이 회사에서는 수시로 벌어집니다.

유도책을 잘 설계하는 것도 중요하지만, 설계된 유도책을 어떤 순서로 시행하는지도 중요합니다. 대한민국 사람이라면 잊지 못하는 감동적인 축구 이야기를 예로 들어 보겠습니다.

히딩크 감독 이전의 한국 축구는 골을 넣기 위한 훈련이 주를 이루는 빠른 성과를 내기 위한 훈련에만 매달렸습니다. 하지만 히딩크가 대표팀 감독이 되면서 선수들이 지옥 훈련이라고 부를 만큼 혹독한 체력 강화 훈련이 시작되었습니다. 전문가들은 일제히 우려를 표했습니다. 월드컵이 얼마 남지 않았는데 무슨 체력 훈련이냐는 비난과 전술 훈련에 집중해야 한다는 비판이 일었습니다. 설상가상으로 대표팀은 평가전에서 5:0으로 참패를 당하기까지 했죠. 하지만 얼마간의 시간이 흐른 후에 한국 대표팀은 변하기 시작했고, 결국 월드컵에서 유례없는 성과를 거두었습니다. 체력이 뒷받침되지 않으면 아무리 기술이 뛰어나더라도 골을 넣을 수 없습니다. 제대로 뛰지도 못하는데 어떻게 골을 넣겠어요. 이렇게 단순한 진리를 우리나라 축구계는 그 전까지 모르고 있었던 것일까요?

이런 일은 축구뿐만 아니라 많은 기업에서도 빈번하게 일어납니다. 시스템을 구축하고 한 달도 지나지 않았는데 경영 성과에 기여한 정도를 보고하라고 한다면, 이는 드리블도 못하는 어린 선수에게 발리 슛을 연습시키는 것과 같습니다. 이런 맥락에서 글로벌 기업에서 SCM을 총괄하던 한 임원의 말이 기억납니다. 벤치마킹에서 어떤 KPI를 관리하는 것이 좋으냐는 질문에 그는 이렇게 답했습니다.

"SCM 구축 후에 성과지표(KPI)는 시기에 맞게 룰 준수, 실행력, 성과의 순으로 순차적으로 적용되어야 합니다. KPI를 만들고 세 가지 기준으로 나눈 후에 반드시 순서대로 적용해야 합니다. 그렇지 않으면 제대로 된 성과를 낼 수 없습니다"

KPI는 쉽고 분명한 것부터 챙기기 시작해야 합니다. 체계를 구축한 초기에는 룰을 얼마나 잘 준수하느냐를 평가해야 합니다. 룰 준수와 관련된 KPI는 판매 예측치를 얼마나 성실히 입력하고 있는가? 영업-생산 간 합의된 계획기준으로 실제 생산계획을 수립했는가? 그리고 정해진 순서대로 생산을 했는가? 등 각 부문별로 운영 원칙으로 정해진 사항을 실제 프로세스 운영시에 지키고 있는지를 알아보는 지표입니다.

룰 준수가 어느 정도 이뤄지고 나면 그 다음은 현재 프로세스에 대한 실행력 평가가 이뤄져야 합니다. 판매 예측수량 입력 여부를 넘어 예측치가 실제 수요와 비교하여 정확한지, 확정된 계획을 어느 정도 달성했는지 등을 평가합니다. 그 이후에 재고 일수, 매출 증가율 등의 성과지표를 평가해야 합니다. 이 말은 SCM 체제가 이제 겨우 구축되었는데 재고 감축, 리드타임 감축 등을 성과지표로 측정하는 것은 의미가 없을 뿐만 아니라 시스템의 안정화를 더디게 한다는 뜻으로도 해석할 수 있습니다.

이러한 체계가 자리를 잡기 위해서는 한 가지가 선행되어야 합니다. 무엇보다도 먼저 경영진이 미래 지향적인 시각을 가지고 느긋하게 기다릴 줄 알아야 합니다. 아무리 체계를 잘 갖추었다고 하더라도 상사가 성과를 내라는 압력을 넣기 시작하면 모든 것이 뿌리부터 흔들리게 됩니다. 하지만 안타깝게도 많은 기업의 CEO들이 성과에만 집착합니다. 체력이 튼튼해지고 나서 골을 기대해야 하는데, 처음부터 몇 골을 넣었는지에 관심을 가진다면 성과지표는 당연히 가시적인 것에만 초점이 맞춰질 수밖에 없습니다. 그리고 성과지표를 좋아 보이게 만들기 위한 비밀스러운 작업이 시작되고, 이러한 일이 반복되면서 데이터의 오류가 발생하며 머지않아 시스템 활용도도 떨어지게 됩니다.

명품백 구매 프로세스

마눌님 명품백 구매 프로세스로 돌아가 볼까요? 프로세스를 구성하는 입력, 출력, 통제 및 유도 요소를 실제 사례로 살펴보겠습니다. 앞서 소개했던

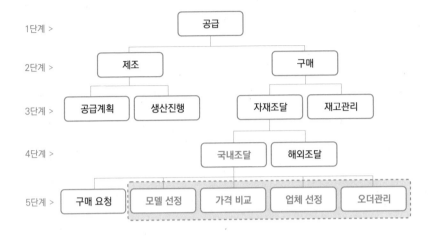

명품백 구매 프로세스는 구매 행위 전체였습니다. 이 상태로는 현실감 있는 구성 요소를 얘기할 수 없어 조금 더 상세화해 보겠습니다.

앞서 살펴본 SCM 체계의 계층구조에서 명품백 구매 프로세스를 찾아 본다면 1단계는 공급 프로세스이고, 2단계는 구매 프로세스, 3단계는 '자재조달' 정도가 될 겁니다. 우리나라에서 사는 것을 가정하면 4단계는 자재조달 중에서도 '국내조달'이 됩니다. 5단계에서 앞서 살펴본 구매 프로세스의 내부 프로세스와 유사한 프로세스를 찾을 수 있습니다. 계층구조에 있는 5단계 프로세스를 앞서 본 프로세스 구성 요소에 연계해 보면 그림과 같은 형태가 될 겁니다. 마치 러시아 인형과 비슷해 보이죠. 인형 안에 작은 인형이 있고, 작은 인형을 열면 더 작은 인형이 있는 식이죠. 이렇다 보니 프로세스라는 말이 혼란스러운지도 모릅니다. 그래서 시스템 구축 작업 전에 수많은 프로세스들을 정비하고 표준화해 계층구조를 만들고 각 프로세스 사이의 연관 관계를 정의하는 PI(Process Innovation)라는 활동이 선행되는 것입니다.

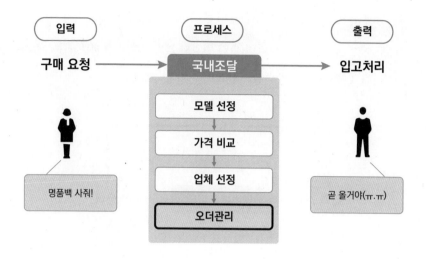

국내조달 프로세스 안에도 다시 4개의 세부 프로세스가 있습니다. 우리는 이 중에서 '오더 생성'이라는 프로세스로 입력, 출력, 통제와 유도를 예로 들어 보겠습니다.

국내조달 프로세스의 세부 프로세스 중 마지막에 있는 '오더관리' 프로세스를 살펴보겠습니다. 오더관리 프로세스는 오더를 생성하고 필요시 오더를 수정하는 프로세스입니다. 쉽게 온라인 쇼핑몰에서 물건을 구매하는 것을 떠올리시면 됩니다.

오더를 만들기 위해서는 적어도 사고자 하는 물건의 가격, 수량, 납기일(받고 싶은 날짜)이 필요합니다. 이런 입력을 이용해 오더를 만들면 출력으로 '구매오더 번호'가 만들어집니다. 이렇게 오더관리라는 프로세스의 기본 형태가 만들어집니다. 여기에 설계자가 원하는 통제와 유도가 추가됩니다. 일단 구매품의 가격을 마음대로 수정할 수 없게 합니다. 만약 가격을 언제라도 변경할 수 있도록 허용한다면 처음에는 아주 저가로 산다고 보고해 결재를 받고 이후에 구매 가격을 올리는 부정을 저지를 수 있기 때문입니다. 명품백 구매도 이 프로세스를 따른다면 수량 변경도 불가능하게 통제를 거는 게 좋을 겁니다. 마눌님이 슬쩍 수량을 늘리면 큰일이니까요.

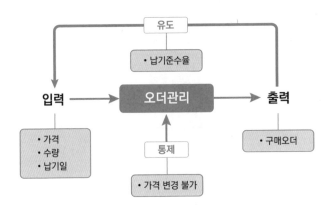

대표적인 유도인 KPI는 '납기준수율'이 좋은 예입니다. 물건을 입력한 납기일에 맞게 배달되었는지를 측정해 협력업체별로 납기준수율을 관리할 수 있을 겁니다. 데이터가 쌓이면 납기준수율이 높은 협력사에 더 많은 발주를 주는 등의 인센티브를 제공할 수 있겠지요.

프로세스를 컴퓨터 시스템으로

프로세스가 프로그램을 만들 수 있을 정도로 정의되면 프로세스에 프로그램이 연결됩니다. 컴퓨터 시스템과 관련된 일을 해보지 않으신 분들은 아마도 이 부분이 가장 이해되지 않을 겁니다. 과거에는 프로젝트 초기에 이 부분을 고객에게 이해시키는 것이 가장 어려운 일 중 하나였습니다. 지금은

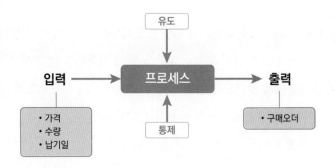

대부분의 사람들이 직간접으로 컴퓨터 시스템을 사용하고 있어 설명을 하는 것이 훨씬 수월해졌습니다. 알게 모르게 일상생활에서 시스템을 매시간 사용하고 있기 때문이죠.

앞서 정의했던 명품백 구매 프로세스를 프로그램으로 전환하면 어떻게 될까요? 생각보다 익숙한 화면이 됩니다. 어쩌면 오늘도 이미 몇 번 사용하신 화면일지도 모릅니다.

프로그램 화면에 명품백 제품번호, 가격, 수량을 그림과 같이 입력합니다.

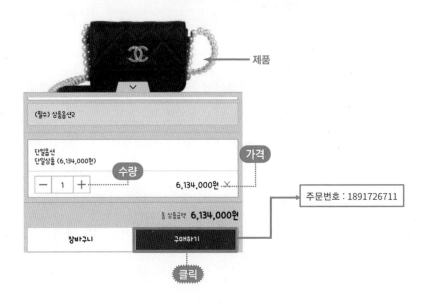

그리고 떨리는 손으로 [구매하기] 버튼을 클릭하면 프로그램이 실행되어 주문번호가 출력으로 만들어집니다. 많은 분들이 의식하지 않고 사용하지만 온라인 쇼핑몰에서 물건을 주문할 때마다 그림과 같이 주문번호가 만들어집니다. 지금 온라인 쇼핑몰의 본인 계정으로 들어가서 구매 이력을 보면 주문 상세 내역에 반드시 주문번호가 있을 겁니다.

이제 통제와 유도를 적용해야 하겠죠. 저에게 가장 절실한 통제는 어마무시한 가격의 명품백을 마눌님이 여러 개 사는 것이죠. 이건 반드시 통제해야 합니다. 그래서 수량을 더하는 것을 불가능하게 합니다. 그리고 최대 구매 가능 수량은 1개라는 메시지를 보여줍니다.

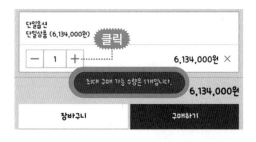

프로그램에 유도는 어떻게 반영될까요? 가장 쉬운 유도책은 기본값(Default value)을 제안하는 것입니다. 이 화면에서는 절대 그래서는 안 되겠지만, 저가 상품의 경우 주문 수량을 기본값으로 10개로 줄 수 있을 겁니다. 또 자주 사용되는 유도책은 인센티브를 주는 것이죠. 예를 들어 3만 원 이상 구매하면 배송비를 면제해주는 식이죠. 구매자가 계획보다 많은 양을 구매하게 유도하는 것이죠. 이렇게 프로세스별로 필요한 프로그램을 만들어 제일 아래에 있는 프로세스에 연결하면 컴퓨터 시스템으로 구성된 SCM 체계가 완성됩니다.

때에 따라 여러 프로세스가 하나의 프로그램에서 구현되기도 하고, 반대로 하나의 프로세스를 여러 프로그램으로 구현할 수도 있습니다.

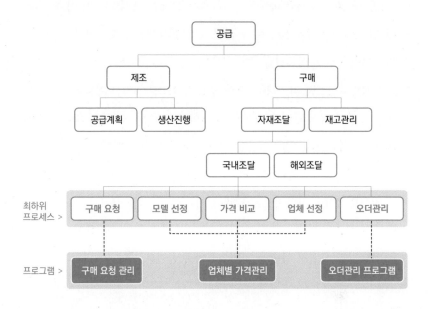

왜 큰 돈을 들이면서 컴퓨터 시스템을 만드나?

공급망 전체를 관리하기 위한 SCM 체계를 시스템으로 구축하는 것은 엄청난 노력과 자원이 필요한 일입니다. 규모가 큰 기업도 부담이 되는 일이지요. 코로나19로 많은 기업들이 어려움에 처한 지금 어째서인지 시스템에 대한 투자는 늘어났습니다. 왜 그랬을까요? 시스템을 통한 통제와 유도가 더욱 절실해졌기 때문입니다. 세계화를 통해 기업의 활동무대는 그 전과 비교할 수 없을 정도로 넓어졌고, 관리해야 할 공급망의 구성원들도 폭발적으로 늘어났습니다. 그만큼 통제가 어려워졌고 공급망을 내가 원하는 방향으로 유도하기도 쉽지 않아졌죠. 사람과 문서를 통한 통제와 유도는 한계가 있습니다. 가장 큰 문제는 전달 속도이고, 두 번째 문제는 해석입니다. 이 두 가지 문제에 대한 가장 좋은 해답이 컴퓨터 시스템입니다. 코로나19가 팬데믹으로 발전하면서 더욱 심해졌습니다.

코로나19 발생 초반인 2020년 2월 말에 처음으로 지역간 이동을 통제해야 한다는 주장이 힘을 받기 시작했습니다. 회사 차원에서는 해외 출장은 금지하기로 결정했습니다. 이때 컴퓨터 시스템을 갖춘 회사와 아닌 회사는 속도와 실행의 일관성에서 큰 차이가 났습니다. 제대로 출장 시스템이 갖춰진 회사는 의사결정이 나자마자 시스템에 통제 사항을 적용합니다. 그 시점부터 해외 출장 시스템 접속을 막아 버리면 됩니다. 반면 출장 시스템이 갖춰지지 않은 회사는 의사결정 사항을 임원회의에서 공지하고 임원은 그 내용을 팀장에게 알려줍니다. 다시 팀장은 팀원에게 전파하겠지요. 그 사이에 짧지 않은 시간이 흐를 것이고 그 사이에 몇몇 사람은 출장을 떠날 겁니다. 문제는 또 있습니다. 만약 의사결정의 내용이 '위험 지역에 대한 해외출장 자제'라면, 이에 대한 해석이 달라질 수 있습니다. 위험 지역에 대해 사람마다 다르게 해석할 것이고, 전달되는 과정에 왜곡은 더 커질 수 있습니다.

SCM 체계 전체가 컴퓨터 시스템으로 잘 갖춰져 있다면 공급망 전체의 방향성 있는 속도전환이 가능해집니다. 예를 들어 베트남의 코로나19 상황이 심각해져 봉쇄조치가 내려지면 베트남 공장에서 생산해야 할 스마트폰의 생산량을 맞출 수 없게 됩니다. 시스템이 제대로 갖춰져 있지 않다면 그때부터 전화와 메일로 차질된 수량을 체크하고 해당 물량을 대신 생산할 수 있는 곳을 찾은 다음 생산 준비를 시키고, 원래 실어 보낼 비행편은 취소하고 새로운 생산지의 비행편을 수배하는 등의 일 처리를 일일이 체크하면서 해야 할 것입니다. 이런 일들이 일사불란하게 착착 진행되면 좋겠지만, 곳곳에서 혼란이 벌어지겠죠. 제 시간 안에 정확히 필요한 물량을 생산해 고객에게 보내는 것은 기적 같은 일일 것이고, 설사 그런 일이 일어났다 하더라도 비용은 몇 배가 더 들어가게 될 것입니다. 실제로 제가 일했던 회사에서 SCM 체계가 제대로 갖춰지지 않았을 때 빈번하게 일어났던 일입니다. 그리고 온갖 혼란 속에 일을 어떻게든 처리한 사람의 능력을 높게 사기도 했지요. 사실은 회사에 손해를 끼치고 있었는데 말이죠.

SCM 체계가 제대로 잡히고 시스템에 의해 운영되는 곳에서는 의사결정 사항이 시스템에 의해 거의 실시간으로 적용되고 통제됩니다. 유럽에서 큰 화산폭발이 있고, 그 여파로 유럽 전역에 중국에서 만든 스마트폰을 항공기로 보낼 수 없게 되었을 때 저는 그 힘을 직접 목격했습니다. 유럽으로 실어 보낼 물량에 대한 생산계획이 화산폭발이 일어난 이후 몇 시간 만에 중국에서 취소되었습니다. 그리고 시스템을 통해 육로로 운송할 수 있는 생산 법인에 생산계획이 내려갔고, 가용한 재고도 바로 확인해 우선적으로 배정하는 일이 하루 안에 처리되었습니다.

니 돈이면 그렇게 하겠냐?

(A) "너무 비싼 거 아닌가요? 일단 반으로 줄여 보세요."

(A) "당신 돈이면 그렇게 하겠어요?"

(B) "그걸 왜 당신이 고민합니까? 룰대로, 예산에 근거해서 처리하세요."

(B) "그게 당신 돈입니까?"

두 가지 상황이 있습니다. (A)와 (B) 중에 근무하시는 회사는 어느 쪽에 가깝습니까? 판단이 어려우시면, (A)와 (B) 중에 어떤 회사가 더 바람직할까요? 혹은 어느 쪽이 회사를 위하는 것일까요?

정답은 없습니다. 하지만 상황에 따른 최적해는 있죠.

제가 갓 입사했을 때 대한민국 대부분의 기업은 세계에서 삼류 언저리를 맴돌고 있었습니다. 그 이후, 약 10년 남짓한 시간에 제가 속한 기업의 일부는 글로벌 기업 수준으로 올라섰습니다. 저는 운 좋게도 삼류에서 일류로 가는 과정을 경험할 수 있는 특권을 압축하여 누렸다고 생각합니다.

입사 초기에, 정답은 (A) 유형에 가까웠습니다. 회사에서 가장 사랑 받는 직원은 회사 돈과 물건을 마치 자기 물건처럼 아끼는 사람이었습니다. 그래서 회의를 하면 수시로 "당신 돈이면 그렇게 하겠어요?"라는 질책이 쏟아져 나왔습니다. 분위기가 바뀌고 있다는 것을 느낀 것은 회사생활이 조금은 익숙해져 가던 과장 시절이었습니다. 당시 일류에 거의 근접하고 있던 회사에 벤치마킹을 갔습니다. 시스템에 대한 투자 문제로 넘어 갔을 때 그쪽 임원 한 분이 안정성을 위해 이중화도 아니고 삼중화하는 것이 좋다며 투자규모를 소개했습니다. 제가 지원하던 회사는 당시 상황이 좋지 않았고 투자에 민감하던 시기였습니다. 그래서였던지 같이 갔던 누군가가 이런 질문을 했습니다.

"비용을 줄일 수 있는 방법은 없습니까?"

그때 상대편 임원이 의아하다는 표정으로 한마디 툭 던졌습니다.

"그걸 왜 당신이 고민하죠? 당신 돈 아니잖아요? 전문가에게 의뢰해서 면밀하게 검토하고 예산에 따라 집행하면 되는 거지요."

그 순간은 충격이었습니다. 임원까지 된 분이 어쩌면 저렇게 무책임할 수 있나 하고 생각할 정도였죠. 그때는 뭔가 크게 잘못되었다고 생각했습니다. 하지만 그 생각은 점점 회사가 글로벌 일류회사로 향하면서 바뀌었습니다. 솔직히 말하면 사실 지금도 제가 속한 조직에서는 (A)와 (B) 유형이 혼재합니다. 그런데 이상하게도 (A)유형인 조직이 (B) 유형인 조직에 비해 성과가 좋지 않습니다. 조금 차이가 나는 것이 아니라 하늘과 땅 차이가 납니다. 극단적으로 말하면 '1등 DNA'를 가진 조직은 거의 대부분 (B) 유형을 따릅니다. 왜 그럴까요? 우리는 회사를 내 것이라 생각하고 일하는 것을 직장인의 최고선이라 배우지 않았던가요? 솔직히 저 자신도 여기에 확신을 가지기까지는 제법 긴 시간이 걸렸습니다. 회사 생활 중에 몇 가지 사건을 겪으면서 조금씩 확신하게 되었습니다.

로비스트가 개그 소재로 쓰인 적이 있었습니다. 개그맨이 연기한 로비스트는 견적을 받으면 보지도 않고 50%를 깎으라 말합니다. 그럼 상대는 어떻게 할까요? 처음에는 가격을 150%로 부르겠죠.

회사 돈을 내 돈처럼 생각하는 사람은 가격을 최우선으로 봅니다. 반면 회사 돈은 내 돈이 아니라고 생각하는 사람은 제품이나 서비스의 스펙(Specification)을 봅니다. 이것이 반복되다 보니 전문성에서 현격한 차이가 났습니다.

내 돈이라 생각하면 바른 판단을 내리지 못할 때가 있습니다. 고민이 길어지면 속도가 떨어집니다. 그렇다고 모든 조직, 모든 회사가 (B) 유형으로 할 수는 없습니다. 아직 규모가 크지 않다면 회사 돈을 내 돈처럼 사용하는 것이 훨씬 효율적입니다. 체계가 잡히지 않은 상태에서 (B) 유형을 따르면 부정의 가능성이 높아지기도 합니다. 문제는 규모와 덩치는 커졌는데 아직도 이전 방식 그대로 의사결정을 하고 있는 회사들입니다.

규모가 커지면 사람이 모이고, 사람이 모이면 규칙이 필요해집니다. 이때 통제와 유도가 필요합니다. 통제에 너무 의지하면 속도가 떨어집니다. 통제는 기본적으로 처벌을 전제합니다. 뭔가 새로운 일이 벌어졌을 때 어떤 원칙이 정해지고 전해지는 동안 사람들은 기다려야 합니다. 반대로 유도에만 의지하면 예외가 많아집니다. 그 사이에 있는 것이 컴퓨터 시스템입니다. 물론 프로세스는 정해야 하지만 룰을 숙지하는 시간, 전파시간을 줄이거나 없애줍니다. 기술이 좋아지면서 사람이라면 세세하게 똑같이 적용하지 못한 것을 기계는 할 수 있습니다. 한 치의 오차도 없이. 수백 가지의 특화된 프로세스가 있어도 명확하게 정의되고 그것이 컴퓨터 시스템에 정확하게 반영되었다면 전혀 문제가 없습니다.

변하지 않는 SCM의 본질

태초의 밥공급망부터 리처드 1세의 십자군을 거쳐, 도시락 회사와 명품가방 구매를 거치며 SCM에 대해 알아봤습니다. 이제 환경과 기술 등의 외부조건에 의해 변하는 SCM의 모습을 걷어내고 변하지 않는 SCM의 본질을 정리해 보겠습니다.

먼저 SCM 체계를 좀 더 큰 의미로 정의하겠습니다. SCM 체계에는 무엇보다 먼저 실제로 제품이나 서비스를 요청하는 고객을 포함한 수요단과 이 수요단의 요구를 대응할 수 있는 생산, 구매 등이 포함된 공급단이 물리적으로 있어야 합니다. 처음에는 자연적으로 만들어지지만 사업이 커지면서 고객을 발굴하고, 어떤 부품 공급업체를 선정할지 의지가 들어갈 것입니다. 그래서 고객 – 우리 회사 – 부품공급업체로 이어지는 '물리적 공급망'이 만들어집니다.

물리적인 공급망을 만들고 나서, 혹은 동시에 그 공급망이 최대의 성과를 올리게 만들 프로세스를 만들어야 합니다. 이를 '공급망 프로세스'라 했습니다. 이제 마지막으로 공급망 프로세스를 '컴퓨터 시스템'으로 만들었죠.

그림과 같이 물리적 공급망, 공급망 프로세스, 컴퓨터 시스템을 통틀어 'SCM 체계'라 부르기로 하겠습니다. 일반적으로 어떤 회사에서 SCM 체계를 구축한다고 하면 이 세 가지를 만든다고 이해하면 됩니다. 물론 물리적 공급망은 사업을 처음부터 시작하는 경우가 아니라면 이미 만들어져 있을 것이기 때문에 보통은 공급망 프로세스를 잘 정비하고, 이를 기반으로 컴퓨터 시스템을 구축하는 것으로 이해하면 됩니다.

그렇다면 SCM 체계는 한 번 만들고 나면 끝이 날까요? 그게 그렇지가 않습니다. 시장 환경과 고객의 요구는 계속 변하고 있고, 기술의 발전도 정신을 못 차릴 정도입니다. 거기에 더해 코로나19와 같은 팬데믹도 예고없이 옵니다. 이는 곧 SCM을 아무리 완벽하게 구축해도 그걸로 끝나지 않는다는 것을 의미합니다. 상황에 따라 SCM 체계를 다시 구성하고 재빠르게 최적화하는 일을 몇 번이라도 반복해야 합니다. 그 과정을 빠르게 수행하지 못하는 기업은 도태하게 됩니다.

승부는 SCM 체계를 구성하고 최적화하는 속도에서 갈립니다.

다시 주목받는 SCM

SCM의 본질이 공급망을 구성하는 것과 이를 최적화하는 것이라면 SCM을 잘하기 위해서 해야 할 일은 비교적 명확합니다. 우리 회사에 맞는 적절한 공급업체와 고객을 포함한 공급망을 잘 구성하고, 그 공급망을 최적화하는 활동을 계속하면 됩니다. 문제는 이 최적화의 방향이 시대와 상황에 따라 달라진다는 겁니다. 때로는 이 방향성이 크게 바뀔 때 공급망이 재구성되기도 합니다.

10여 년 전 영원할 것만 같았던 SCM이 한동안 무대에서 사라진 이유도 여기에 있습니다. SCM에 대한 저의 첫 책인 '글로벌 비즈니스 SCM으로 정복하다'에서 제가 뭐라고 했겠습니까? 저는 다소 경솔한 편입니다. 책 좀 팔아보려고 '이건 일시적인 유행이 아니다', '모든 회사는 SCM에 대해 고민해야한다', 'SCM을 고려하지 않은 회사는 어려움에 빠질 것이고 망할 수도 있다' 등. 별별 말을 다했습니다. 그런데 10년 정도 주목을 받던 SCM은 갑자기 무대에서 사라졌습니다. 그런데 코로나19로 스포트라이트에서 사라졌던 SCM이 다시 주목받고 있습니다.

'바이든, 미국 중심의 공급망 구성 천명'

바이든 행정부는 트럼프 대통령과 비교해 무역구제조치를 남발하진 않을 것으로 보이지만 제조업을 비롯한 자국 내 노동시장을 감안, 대중 견제 강화 방침을 고수할 것으로 전망된다. 코로나19 팬데믹 등으로 공급망이 재편되는 가운데 미국 중심으로 신뢰 가능한 공급망을 만드는데도 힘을 쏟을 것으로 예상된다.

'바이든, 전기차 공급망 지원'

미국 자동차 업체들이 전기차 생산을 늘리기 위해 수백 억 달러를 투자하고 있고, 바이든 행정부가 전기차 보조금과 충전망 확충을 위해 1,740억 달러의 자금 지원을 모색하고 있다.

'반도체 공급망 허브 조성'

코로나19 확산과 세계 공장인 중국의 부상이 지금의 공급망 재편을 부른 핵심 변수이며, 글로벌 공급망은 경제적 차원이 아니라 안보 차원에서 다뤄져야 한다. 민관의 노력이 어우러진다면 한국이 반도체 글로벌 공급망 허브로 자리매김할 수 있을 것이다.

'전 세계 선원 백신 접종률 낮아 공급망 혼란 심화'

선원들은 직업의 특성상 주거지를 장기간 떠나 있는 경우가 많아 백신 접종이 여의치 않다. 게다가 전 세계 선원의 다수가 백신 접종률이 낮은 신흥국 출신이라는 점도 변수가 되고 있다. 블룸버그는 전 세계 선원 160만 명 중 절반이 인도, 필리핀, 인도네시아 등 신흥국 출신이라고 설명했다. 중국 선전의 항만에서는 직원 한 명이 코로나19에 감염되면서 항만이 수 주간 폐쇄됐다. 이 때문에 가뜩이나 심각한 공급망 혼란이 더 악화됐다.

2010년 중반이 지나면서 미디어에서 자주 다뤄지지 않던 공급망과 SCM이 코로나19가 발발한 이후 빈번하게 언급되고 있습니다. 우리의 관심에서 조금 멀어져 있었던 SCM이 코로나19 이후 다시 주목받고 있는 겁니다. 저는 그 이유가 궁금했습니다.

엘리 골드렛이 '더골(The Goal)'이라는 책을 출판한 것이 1984년이었습니다. 책의 핵심이 된 제약이론이 사람들 입에 오르내리기 시작했지만, 현실에서의 움직임은 한동안 크지 않았습니다. 그러다가 90년대가 되면서 제약이론을 기반으로 한 솔루션(i2, Adexa 등)들이 나타나기 시작합니다. 본격적인 붐이 일어난 것은 2000년이 지나고 였습니다. 이때 무슨 일이 있었을까요?

어느 날 조용하던 밥공급망에 '노란머리 밥'이 나타납니다. 가슴에 칠면조 한 마리를 안고 있었죠. 육류로는 닭과 토끼만 존재하던 공급망에 칠면조가 더해집니다. 마을에 한 동안 머물던 밥은 동네에서 양념을 처갓집에서 해왔다(젊은 분들은 처갓집 양념통닭을 모르실 수도…)는 기름에 바싹 튀긴 닭을 맛보게 됩니다. 천상의 맛이었죠. 멀리 있는 가족이 생각난 밥은 그것을 가슴에 안고 다시 바다를 건너 갑니다. 시간이 조금 지나자 마을에서는 칠면조가 먹고 싶어졌고, 멀리 있는 밥은 처가에서 양념한 닭이 먹고 싶어졌습니다. '노란머리 밥'을 포함한 공급망이 만들어졌죠. '노란머리 밥'이 오기 전까지 공급망의 변화는 한정적이었습니다. 단순히 참여자가 많아져서 공급망의 복잡도가 선형적으로 늘어나는 정도였죠. 그런데 '밥'의 등장은 구조적인 변경을 필요로 했습니다. 2000년 즈음 공급망에 '밥'이 큰 영향을 미치기 시작한 시점이었고, 그 현상을 '세계화' 또는 '글로벌화'라고 불렀습니다.

세계화가 왜 SCM에 큰 변화를 초래했을까요? 공급망 관리의 본질은 공급망을 구성하고 구성된 공급망을 최적화하는 것이라 했습니다. 세계화로 공급망의 구조와 구성이 크게 변하게 됩니다. 세계화 이전에는 고객도 국내에 있었고 공장도 국내에 있었으며, 부품 공급업체도 대부분 국내에 위치했습니다. 세계화가 본격화된 이후에는 전 세계의 고객을 대상으로 판매해야 하고, 이에 따라 공장도 중국, 동남아, 브라질 등 전 세계에 두게 되었습니다. 공장이 세계 곳곳에 있다 보니 자연스럽게 부품 공급도 해외 조달 위주가 되었겠죠.

아마도 세계화로 인해 공급망이 처음 구성될 때는 거의 모든 회사가 그림과 같은 형태가 될 겁니다. 그때그때 필요한 자재를 조달하고 제품을 요청하는 고객은 어디라도 받아들이다 보면 그림보다 훨씬 더 혼란스러운 상황이

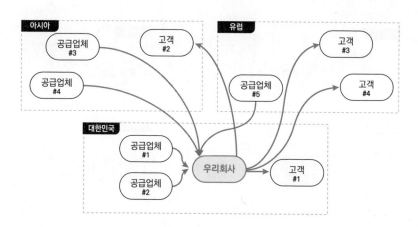

되기도 하죠. 단기적으로는 큰 무리가 없겠지만 이런 상태가 오래 지속되고 규모가 더 커지면 여러 가지 문제가 발생하게 됩니다. 무엇보다 물류의 이동 거리가 멀겠죠. 그에 따라 비용이 커질 것이고, 나라마다 법과 제도가 다르기 때문에 법적인 문제도 발생할 것입니다. 그 과정에서 자재가 제때 조달되지 못해서 생산 라인이 서는 경우도 발생할 것이고, 고객에게 제때 제품을 배달하지 못하게 되기도 할 겁니다.

그래서 공급망의 정비가 필요해질 것이고 우리 회사를 역할별로 나눠 각 지역에 두는 형태로 공급망을 정비해 나가게 됩니다. 대략적으로 그림과 같은 형태가 됩니다. 본사에서는 전체적인 수요를 집계하여 수요계획을 만들고, 이를 기반으로 공급계획을 수립하는 역할을 하게 됩니다. 공급망 십자가의 중심역할을 하는 것이죠. 각 지역에 만든 생산 법인은 가까운 곳에 공급

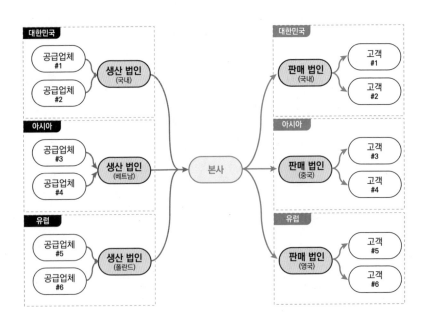

업체를 두고 본사에서 할당한 공급계획에 맞춰 제품을 생산하게 됩니다. 생산된 제품을 본사의 계획에 따라 각 판매 법인으로 보내고 판매 법인은 각 지역의 고객에게 제품을 배송하게 됩니다. 이것이 1차적인 공급망 최적화가 됩니다. 세계화의 물결로 정리되지 않은 상태로 공급망이 구성되었고 구성된 공급망을 세계화의 방향성에 맞게 최적화하는 SCM의 두 가지 활동(구성 →최적화)이 이루어지는 겁니다.

처음 SCM이 유행했을 때 SCM이 거론되면 거의 자동으로 따라오는 것이 '재고 감축'과 '비용 절감'이었습니다. 기업을 하는 근본적인 이유가 돈을 많이 벌어서 식구들을 잘 먹이는 것이니 이 목표를 가장 잘 달성하기 위해서는 재고와 비용을 줄여야 했던 것이죠.

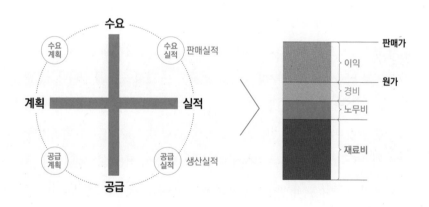

공급망 십자가와 원가막대에 빗대어 봐도 금방 알 수 있습니다. 수요와 공급의 각 단계에서 계획을 잘 수립해서 고객의 수요와 최종 공급 사이의 차이를 줄이면 재고가 줄어듭니다. 시간을 고려하지 않는다면 수요만큼 만들어서 다 팔면 수요와 공급의 수가 동일해지고 재고는 제로가 되겠죠. 그 다음은 제품을 만드는 과정을 최적화해 원가의 비중을 줄이는 것이 되겠죠. 원가를 줄여서 남은 이익을 다시 투자를 하면 제품이 좋아질 것이고 제품이 좋아지면 판매가격을 올릴 수도 있겠죠. 이 과정이 계속 반복되면 경쟁자와의 차이는 더욱 더 벌어지게 됩니다.

이렇게 보면 세계화는 '재고 감축'과 '비용 절감'이라는 방향성 측면에서는 국내 혹은 한 지역에서만 공급망을 구성할 때와 다를 바가 없습니다. 세계화가 되면서 각 지역에 생산과 판매를 할 수 있는 거점을 마련하고 나면 다시 '재고 감축'과 '비용 절감'이라는 방향으로 매진하면 됩니다. 어찌 보면 처음 SCM이 주목을 받고 어느 정도 최적화가 이뤄진 이후에는 한 동안 SCM이 주목받지 못했을 수도 있죠. 코로나19라는 팬데믹이 나타나지 않았다면 계속 그랬을 겁니다.

환경에 완벽하게 최적화하면 영원불변의 절대 강자가 될 수 있을까요? 진화의 관점에서 보면 꼭 그렇지만은 않습니다. 큰 환경의 변화가 없다면 영원한 강자로 남을 겁니다. 하지만 환경은 언제든 큰 변화를 맞게 됩니다. 그 순간이 되면 주어진 환경에 너무 최적화된 개체는 가장 먼저 사라집니다. 공룡이 그랬던 것처럼. 생물의 진화는 어떤 방향을 향할까요? 저는 두 가지 방향이라 생각합니다. 첫 번째는 자신에게 주어진 환경에 적응하는 것입니다. 육지에 올라온 종들은 육지에 맞게 변화했고, 바다에 남은 종들은 바다에 맞게 진화해야 했습니다. 두 번째는 급격한 환경의 변화에 적응하는 것이죠. 계속 육지에 살더라도 수만 년 전의 기후와 지금의 기후가 같지는 않죠. 갑자기 추워진 시간도 있었고 뜨거웠던 시간도 있었을 겁니다. 그런 급격한 변화에 적응하는 능력을 갖추지 못했다면 살아남지 못했겠죠.

다시 SCM의 본질로 돌아가 보죠.

세계화라는 거대한 변화의 물결이 물리적 공급망, 프로세스, 컴퓨터 시스템을 포함한 SCM 체계를 재구성하도록 합니다. 그동안 제한된 지역에서 재료를 공급받아 물건을 만들어 제한된 지역의 고객에게 팔던 공급망을 완전히 재구성하게 만든 것이죠. 공급업체와 고객이 늘어나고 그들이 속한 지역도 다양해졌지만 근본적인 최적화의 방향은 동일했습니다. 효율을 극대화해 비용을 줄이고, 재고를 감축하는 방향은 동일했습니다. 그런데 왜 그때까지 언급조차 없던 SCM이 나타나고 강조되었던 걸까요?

비즈니스는 세 가지를 옮겨야 한다

그 이유를 이해하기 위해서는 먼저 왜 세계화가 대세가 되었는지를 생각해 볼 필요가 있습니다. 사업가는 역사 이래 똑같은 것을 찾았습니다. 값싼 노동력과 넓은 시장이죠. 그 열망이 동양과 서양을 잇는 '실크로드'를 만들었고, 제국주의도 나타나게 했죠. 하지만 낙타와 범선이 시간과 공간의 한계를 극복해 물자와 정보를 옮기는 데에는 한계가 있었습니다. 콜럼버스가 유럽에서 아메리카 대륙을 연결한 항로는 두 달이나 걸리는 길이었죠. 이후로 기술이 발전해 배의 성능이 좋아지고 바람이라는 자연의 힘에 의지하지 않아도 항해가 가능해졌지만, 그 시간이 획기적으로 줄지는 않았습니다. 큰 변화가

온 것은 비행기의 발명 이후였죠. 그리고 더 혁신적인 변화는 그 이후입니다. 비즈니스는 물자와 정보, 돈을 옮겨야 합니다. 처음에는 이 세 가지 모두를 사람이 직접 전달했습니다.

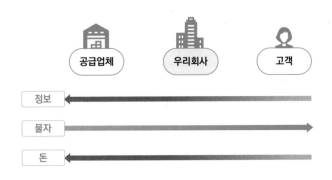

고객이 우리 회사 제품이 몇 개 필요하다는 정보를 주면, 우리 회사는 그 수량을 만들기 위해 필요한 재료를 공급업체에 주문합니다. 가장 먼저 정보가 고객에서 공급업체의 방향으로 전달됩니다. 그 다음은 실제 물자의 이동이 있을 것입니다. 공급업체가 주문받은 자재를 우리 회사에 가져다 주겠죠. 우리 회사는 여러 재료와 노동을 더해 제품을 만들어 내고, 그 제품을 고객에게 가져다 줍니다. 물자의 움직임이 만들어졌습니다. 약속된 물자의 이동이 끝나면 마지막으로 돈이 움직이죠. 돈도 정보와 같은 방향으로 움직입니다. 고객이 우리에게 제품 대금을 주고, 우리 회사는 공급업체에 자재 대금을 주겠죠. 과거에는 세 가지 모두 사람이 이동시켰습니다. 그래서 세 가지의 이동 시간은 공간적 거리에 비례했고 이동 속도도 정보, 물자, 돈 모두 비슷했습니다. 그런데 여기에 근본적인 변화가 생깁니다. 통신이 발전하면서 정보와 돈은 사람이 직접 이동시키지 않아도 되게 됩니다. 이런 현상은 인터넷이 나타나면서 더욱 심화됩니다. 이제 정보와 돈의 이동에는 공간적 제약이 사실상 사라지게 됩니다.

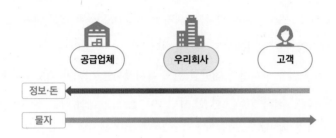

기술은 더 발달했고 정보와 돈은 거의 실시간으로 상호간에 쌍방향으로 전달됩니다. 물자도 비행기나 빨라진 철도, 자동차 덕분에 이동 시간을 줄일 수 있었고 물자가 실시간으로 이동할 수는 없었지만, 정보의 이동에는 제약이 없었기 때문에 현재 물자의 위치나 움직임을 상호 공유할 수 있게 되었습니다. 이 변화가 기업의 활발한 세계화를 초래했습니다. 왜 그럴까요? 당연해 보이지만 막상 설명해보라고 하면 쉽지 않습니다.

정보와 돈, 물자의 이동이 모두 사람에 의해 이뤄지는 상태에서 도시락을 만들어 판다면 우리가 주문받을 수 있는 범위는 마을 수준일 것입니다. 마찬가지로 식재료를 구입하는 것도 동네 시장에서 주로 이루어지겠죠. 만약 다른 마을에까지 도시락을 판매한다면 다른 마을에 사람을 보내 주문을 받아야 할 것이고, 그 사람이 돌아오기도 전에 식사시간이 지나버리겠죠. 식자재도 마찬가지입니다. 싸고 좋은 고등어가 걸어서 하루 거리의 바닷가에 나왔다고 해도 그걸 사러 갈 수는 없습니다. 설사 간다고 해도 그 정보는 이미 하루가 지난 정보이기 때문에 도착했을 때 좋은 고등어를 사울 수 있을 가능성은 높지 않죠. 시간이 지나면 상하는 음식이라 그럴까요? 이런 현상은 전자제품도 다르지 않습니다.

제가 대학에 입학했을 무렵, 컴퓨터의 성능이 급속도로 향상되기 시작했습니다. 최신형 모델이 286이었다가, 해가 넘어가기도 전에 386이 나왔고 다시 486, 펜티엄으로 업그레이드 되었습니다. 지금이야 스마트폰이 1년 주기로 플래그십 모델을 출시하니 대단한 일도 아니었지만, 당시만 해도 TV와 냉장고로 대표되던 전자제품은 한 번 사면 10년은 사용해야 하는 물건이었습니다. 새로 나온 컴퓨터도 전자제품의 범주에 들어 있었으니 제조사는 비슷한 생각을 했겠지요. 그래서 미국과 유럽에서 주문받은 컴퓨터를 하던 대로 배에 선적해서 보냅니다. 도착까지 걸리는 시간이 길게는 6개월이 걸렸습니다. 어떤 일이 벌어졌을까요? 배에 실을 때 최신형이었던 컴퓨터가 항구에 도착할 때는 구형 모델이 되어 있었습니다.

왜 이런 일이 벌어졌을까요? 예로 든 사례는 너무나 명확하죠. 기술의 발전이 너무나 빨랐기 때문입니다. 지금은 그 속도가 더 빨라졌습니다. 대표적인 것이 스마트폰이죠. 전자제품도 도시락처럼 유통기한이 생긴 셈입니다. 이전에는 이런 일이 없었습니다. 그래서 세계화와 함께 등장한 글로벌 기업들은 두 가지 방법을 사용합니다. 인터넷과 모바일의 발전으로 정보와 돈의 흐름은 실시간이 되었습니다. 물자는 아무리 빠르게 옮긴다고 해도 실시간 이동은 불가능하죠. 하지만 당일배송, 새벽배송은 가능해졌습니다. 방법은 두 가지뿐입니다. 커버할 공간을 줄이거나, 이동 수단의 속도를 높이는 것이죠. 도시락 사례처럼 하나의 마을이나 도시를 대상으로 하는 방식이 있습니다. 하지만 스마트폰을 그렇게 좁은 곳에서 팔게 되면 사업이 안 되겠죠. 그래서 배 대신 비행기로 실어 보냅니다. 그리고 공장을 판매하는 곳과 가까운 곳에 만듭니다. 두 가지가 합쳐지면 속도는 더 빨라지겠죠. 그렇지만 공급망은 길어지고 복잡해집니다. 그 결과 관리(Management)가 필요해집니다. SCM의 첫 번째 전성시대가 시작되죠.

SCM의 첫 번째 전성기

방향은 공급망 내의 자원 효율을 극대화하는 것이었습니다. 그리고 이 방향성에 맞춰 공급망이 재편됩니다. 비용을 절감하면서 이익을 극대화할 수 있는 공급망을 구성합니다. 그것도 알고 지내던 협력업체나 고객이 아닌 전 세계에서 그 대상을 찾아야 했습니다. 그렇게 하지 못하면 그것을 해낸 세계 어딘가의 경쟁자에게 시장을 빼앗기게 되니까요.

전 세계로 공급망이 확대되면서 재고 관리가 중요해집니다. 국내에 위치한 공장 창고만이 아닌 전 세계에 위치한 공장과 물류 창고까지 관리의 범위가 늘어났고, 곳곳의 공장에서 보내진 물건이 고객에게 도착하기 전까지 배와 비행기, 트럭 안에 있는 재고까지 파악이 되어야 했으니까요. 그래서 지금까지 SCM이라고 하면 거의 조건반사처럼 재고와 비용 절감이 떠오르나 봅니다. 전 세계를 대상으로 비용을 절감하고 효율을 극대화할 수 있는 방향으로 공급망을 재편하다 보니 '글로벌 공급망'이 중요해집니다. 구매와 생산도 글로벌 차원에서 이뤄지게 됩니다.

공급망이 재편되고 나면 재편된 공급망을 자원의 효율적 활용이라는 방향으로 최적화해야 합니다. 공급망 재편과 최적화는 거의 동시에 일어나기도 하죠. 그래서 세계화로 인한 SCM의 첫 번째 파도가 닥쳤을 때 가장 많이 언급되었던 용어가 '전체 최적화'입니다. 왜 최적화만 말하지 않고 전체 최적화를 얘기했을까요? 비용절감과 재고를 줄이기 위한 부분 최적화는 세계화 전에도 기업에서 계속되고 있었기 때문입니다. 세계화가 급속히 진행되면서 전 세계에 걸친 공급망이 만들어집니다. 그리고 과거에는 회사 vs. 회사의 경쟁이었던 것이 공급망 vs. 공급망 간의 대결로 바뀌어갔죠. 내가 속한 공급망을 어떻게 효율적으로 운영하느냐가 기업의 성공을 결정하게 된 겁니다.

전체 최적화는 두 가지 관점에서 이루어집니다. 먼저 그동안 각자의 운영 영역에서 개별적으로 최적화하던 것을 전체 운영의 관점에서 최적화하는 작업이 하나이고, 다른 하나는 우리 회사에 제한되었던 최적화를 공급사와 고객사, 나아가서는 공급사의 공급사, 고객사의 고객사까지 최적화의 영역을 넓히는 것입니다.

먼저 전체 운영 관점의 최적화는 쉽게 얘기하면 회사 내 부서 간의 최적화를 생각하시면 됩니다. 부서 이기주의라는 말 많이 들어보셨죠. 어떤 행위가 자신의 부서에는 이익이 되지만 다른 부서에 피해를 주고 회사 전체적으로 손실을 입힐 수 있습니다. 어느 정도 이상의 규모가 되는 회사는 기본적으로 개발, 판매, 제조, 구매, 품질, 회계 등의 운영 영역을 가지고 있습니다. 그 중에서 공급망의 뼈대가 되는 판매, 생산, 구매를 예로 들어 부분 최적화와 전체 최적화의 차이를 알아보죠.

판매는 팔려고 할 때 그 제품이 자기 손에 있으면 됩니다. 하지만 마법사가 아닌 이상 어떤 제품이 잘 팔릴지 정확하게 예측할 수 없죠. 그렇다 보니 제품 재고를 넉넉하게 가져가고 싶어합니다. 그 중에서도 잘 팔리는 제품은 더 확보하고 싶어하죠. 그래서 때로는 과도하게 주문을 넣습니다. 반면 생산의 입장은 공장의 효율이 중요합니다. 그러려면 생산성이 높은 제품을 쭉 생산하고 싶죠. 문제는 생산성이 잘 나오는 제품이 꼭 잘 팔리지는 않는다는 겁니다. 두 영역이 각각 최적화를 하면 어떤 결과가 나올지 어렵지 않게 예측할 수 있으시죠. 그래서 생산과 판매를 조율하는 생판회의(생산판매회의)는 다양한 이름으로 불리지만, 어느 회사에나 있고 어떤 회사에서도 이 회의가 평화롭고 조용하게 끝나는 적이 별로 없습니다. 판매는 하나라도 더 팔아야 되고, 생산은 1%라도 생산성은 높이고 원가는 낮춰야 하죠.

2015년에 마블 덕후들에게 의미 있는 이벤트가 있었습니다. 중고 사이트를 보니 최근에도 비교적 높은 가격으로 거래가 되고 있습니다. 그런데 이 발표가 나오고 생판회의는 거의 전쟁터였습니다. 새로 영입된 마케팅(판매를 늘리기 위한 활동을 지원하는 부서) 수장이 야심 차게 기획한 이벤트였다고 합니다. 해당 모델 출시 초기에 언론과 소비자의 이목을 집중시켜 메인 모델의 판매를 늘리겠다는 의도가 있었죠. 판매로서는 무조건 해야 하는 것이었죠. 하지만 생산의 입장에서 보면 미치고 팔딱 뛸 노릇입니다. 그 이유는 밑줄 친 부분 때문이었죠. 새로운 모델을 출시하는 시점은 단기간에 대량의 제품을 만들어 내야 하는 시점입니다. 하루에 몇 십 만 대씩 찍어내야 하는 시

삼성전자가 5월 27일부터 '갤럭시 S6 엣지 아이언맨 에디션' 예약 판매를 실시합니다.

갤럭시 S6 엣지 아이언맨 에디션은 마블과의 파트너십을 통해 글로벌 최초로 한국에서 1,000대 한정판으로 출시되는데요. 어벤져스 시리즈의 '아이언맨 슈트'에서 영감을 받아 제작됐습니다. 후면엔 금색 아이언맨 마스크와 함께 0001부터 1000번까지 한정판(Limited Edition) 일련번호가 각인돼 소장 가치를 더했습니다. 기본 구성품과 함께 아이언맨의 상징인 '아크원자로' 모양의 무선충전기와 삼성 정품 클리어 커버가 포함된 특별 패키지로 구성됐습니다.

출처: 삼성 뉴스룸

기죠. 그런데 1,000대 한정 제품을 생산해야 하는 겁니다. 주력 판매모델 사이에 1,000대라는 소량의 제품을 생산해야 하는 거죠. 생산성이 뚝 떨어지겠죠. 그 중에서도 가장 문제가 되었던 점은 1번부터 1000번까지 일련번호를 각인하는 문제였습니다. 단 1,000대를 위해 전용장비를 구매하고 설치하고 테스트해서 운영해야 했죠. 단 1,000대를 위해서. 원가가 쑥 올랐겠죠.

생산과 구매 영역에서도 유사한 일이 벌어질 수 있습니다. 생산은 생산성을 높이는 것이 지상 과제죠. 그렇게 하기 위해서는 필요할 때 필요한 만큼의 자재가 적절하게 준비되어 있기를 원합니다. 많지도 적지도 않게요. 반면 구매부서는 구매원가를 낮추고 자재부서는 원자재 재고를 적게 가져가는 것이 중요합니다. 이를 위해선 상황에 따라 물량을 모아서 한꺼번에 내야 할 때도 있고, 재고를 줄이기 위해 생산의 요구일에 자재를 충당하지 못할 수도 있습니다.

애플하면 어떤 이미지가 떠오르시나요? 혁신적인 제품, 세련된 마케팅, 애플 스토어. 이런 것들이 떠오르시나요? 저는 애플하면 '구매'가 제일 먼저 떠오릅니다. 그날 회의는 처음부터 분위기가 좋지 않았다고 합니다. 구매부서는 매년 원가절감 활동을 합니다. 절감 비율도 어마어마하죠. 그때 30%를 절감하라고 했답니다. 협력회사들은 반발하겠죠. 구매부서 담당자는 협력업체의 사정을 얘기하며 30%는 어렵다고 소심하게 말했습니다. 그때 임원님께서 한 마디 하십니다.

"애플 반만큼만 해라."

그 말을 전해 듣고, 저는 제 귀를 의심했습니다. 애플이 구매 단가를 후려치는 그런 후진적인 회사라니. 이런 생각을 한 거죠. 그런데 제가 잘못 생각한 겁니다. 스마트폰으로 대표되는 전자제품은 구매품의 원가비율이 70%

정도입니다. 구매가 제대로 역할을 하지 않으면 경쟁력이 사라지는 거죠. 문제는 단가는 낮추면서 품질은 유지해야 하는 것에 있죠. 단가를 낮추면 협력회사는 사양이 낮은 소재를 사용할 수 밖에 없을 것이고, 그렇게 만들어진 부품이 생산에 투입되면 불량이 발생할 가능성이 높아지는 거죠. 불량이 높아지면 생산성은 떨어지고 원가는 올라가겠죠.

여기서 끝이 아닙니다. 세계화로 관리해야 할 공급망이 길어졌죠. 거기다 잘 하는 회사는 세계에서 가장 싸고 품질 좋은 공급업체를 찾고 인건비가 싸고 판매처와 가까운 곳에 공장을 지어요. 그들이 어떻게 하든 나는 내 길을 가면 되지 않느냐고요? 고객이 싸고 좋은 물건을 두고, 우리 물건을 살까요? 과거에는 회사 대 회사의 대결이었는데 세계화 이후에는 누가 공급망을 효율적으로 구성했는지를 공급망과 공급망이 대결하게 된 겁니다.

그래서 우리 회사를 중심으로 부품 공급회사, 고객사를 포함한 공급망 전체 관점의 최적화가 필요한 거죠. 그럴 수밖에 없는 것이 공급사는 큰 의미에서 우리 회사의 구매 영역이고 고객사는 판매 영역이니까요. 우리 구매부서가 아무리 열심히 해도 공급사의 생산에 문제가 발생하면 우리 회사에 제때 원자재를 공급하지 못할 것이고, 우리 회사의 생산도 연달아 차질이 벌어질 테니까요. 그리고 판매에 바로 여파가 가겠죠. 고객은 제때 제품을 받지 못하게 될 겁니다. 그래서 '전체 최적화'가 강조된 것이죠. 공급망 재편이 SCM

체계를 재구성하는 것이므로 공급망 재편과 공급망 최적화 부분은 앞에서 봤던 SCM의 본질이 되겠지요.

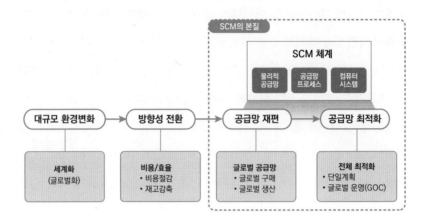

글로벌 환경에서 전체 최적화는 계획을 하나로 만들고 그렇게 만들어진 단일계획(Single Plan)에 따라 전 세계에 흩어져 있는 생산 및 판매 기지를 운영하는 글로벌 운영(GOC, Global Operation Center)에 의해 실현됩니다.

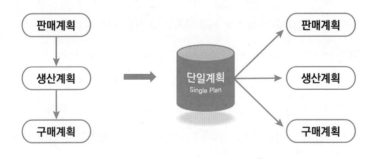

하나의 회사에서 하나의 계획으로 운영되는 것은 당연한 것 아니냐고 반문할 수 있을 겁니다. 그런데 그게 그렇지가 않습니다. 하물며 한 가정에서 주말계획도 다 다르잖아요. 아이들은 놀이동산 갈 계획을 하고, 엄마는 뭔가 교육적인 활동을 계획하고, 아빠는 소파와 합체할 계획이죠. 집도 이 모양인데 직원이 만 명이 넘는 글로벌 기업은 말할 것도 없죠. 전체 최적화 기반의 SCM 체계가 잡히기 전의 회사는 계획이 순차적으로 만들어졌습니다. 그리고 그것을 당연하게 생각했죠. 판매계획이 먼저 수립되어야 생산계획을 수립할 수 있고, 생산계획에 따라 구매계획을 수립하는 형태였죠. 어떻게 보면 당연한 이야기입니다. 얼마나 팔지 정해져야 몇 개를 만들지 정할 것이고, 만들 수량이 정해져야 부품을 얼마나 사야 하는지 정해질 테니까요. 그런데 이렇게 순차적으로 하면 전체 계획을 한 판 만드는데 많은 시간이 걸립니다. 그래서 보통 월간 단위로 판매에서 구매까지의 계획을 수립했습니다. 시장이 국내에 한정되어 있을 때는 그래도 할 만 했겠죠. 그런데 세계화를 이 계획의 대상이 세계에 흩어진 판매, 생산 법인을 아울러야 합니다. 시간은 더 길어질 테고, 중간에 예상치 못한 변동이 일어나면 계획에 반영하는 것이 거의 불가능해졌죠. 그래서 단일계획(Single Plan)이라는 개념이 대두됩니다. 마치 이어달리기처럼 순차적으로 이루어지던 계획을 컴퓨터가 한꺼번에 만드는 형태입니다.

이것이 가능해진 데에는 컴퓨터 기술의 발전도 한 몫을 했습니다. 엑셀로 각 영역에서 개별적으로 수립하던 계획을 컴퓨터 프로그램에 의해 한꺼번에 만들어 낼 수 있게 되었기 때문입니다. 처음에는 모든 계획이 수립되는 데 하루가 넘게 걸리기도 했습니다. 그 시간도 점점 줄어서 지금은 글로벌 기업도 모든 계획을 컴퓨터가 수립하는 데 1시간을 넘기지 않습니다. 한 달이 걸려야 되던 일이 1시간으로 줄어든 셈이고 그만큼 변동을 반영할 수 있는 유연성이 향상되었습니다. 계획이 수립되는 상세한 과정은 뒤에서 다시 살펴보도록 하겠습니다.

세계화로 인해 SCM이 주류가 되고 10년이 지나면서 공급망 내의 자원 효율을 극대화하는 방향의 공급망 재편과 전체 최적화는 대부분의 글로벌 기업에서 상식이 됩니다. 그러면서 서서히 세간의 관심이 줄어들기 시작하죠. 하지만 이미 SCM 체계를 도입한 글로벌 기업과 규모가 큰 기업들은 끊임없이 그들의 SCM를 손보고 개선해 왔습니다. 이런 작업들은 조용히 내부에서 이뤄지다 보니 SCM은 조용히 사라진 듯 보였습니다.

코로나19가 부른 SCM의 두 번째 전성기

변화가 나타나기 시작한 것은 2019년 말이었습니다. 코로나19가 서서히 모습을 드러내던 시점이었죠. 세계화 이후, 새로운 방향성이 만들어지려 하고 있었습니다. 코로나19가 처음 등장했던 2019년 말까지만 해도 코로나19가 팬데믹(Pandemic, 전 세계적으로 유행하는 전염병)이 되고 세계에 이렇게 큰 영향을 줄 거라 생각한 사람은 없었습니다. SCM도 영향을 받을 거라 생각지 않았죠. 예상과 달리 코로나19는 장기화되었고 SCM의 두 번째 물결을 일으켰습니다.

첫 번째 시그널은 중국에서 시작되었습니다. 중국 우한이 봉쇄되고 세계의 공장 역할을 하던 중국의 물류가 멈추면서 이상 기류가 감지되기 시작하죠. 그 다음은 일본이었습니다. 당시 가장 주목을 받았던 두 가지 사건이 있었습니다.

'현대차 울산공장 일부 라인 스톱'

신 현대차 울산공장 일부 라인이 멈췄다. 현대차에 따르면 4일 오전 제네시스를 생산하는 울산 5공장 1라인과 넥쏘·투싼을 생산하는 2라인이 가동되지 않았다. 자동차 내 배선 장치 묶음 부품인 '와이어링 하네스'가 공급되지 않아 공장을 가동할 수 없었기 때문이다. 중국 우한에서 발생한 신종 코로나바이러스 감염증으로 인해 국내 자동차 산업이 '정지'를 맞았다. 중국 최대 명절인 춘절과 코로나 19로 중국 공장이 문을 닫는 바람에 열흘 이상 제품 공급이 끊긴 상태다.

불산, 수입선 다변화·국산 개발…'탈일본' 속도

일본산 불산의 대체제를 찾기 위해 안팎으로 동분서주하고 있습니다. 보관이 어려워 기업별 재고가 한두 달치 뿐인 고순도 불화수소. 이재용 삼성전자 부회장도 엿새 동안 일본서 직접 뛰었습니다. 삼성전자는 불산 중에서도 일본산에만 의존했던 공정도 대체가 가능할지, 국산 제품을 테스트하고 있습니다. 다음달까지는 시험을 끝낼 계획입니다. 일본 정부는 최종 사용처까지 요구하며 차단하고 있습니다. 나머지 방법은 일본업체의 해외 법인이 현지 생산한 불산을 들여오는 겁니다.

"일본 불산업체들은 해외 법인을 통한 한국 수출이 가능한지 일본 경산성에 문의한 것으로 알고 있다"고 우리 기업 관계자가 전했습니다. 당장은 국산품 대체와 수입선 다변화로, 장기적으로는 국산 소재 개발로… 기업들은 탈 일본을 위해 시간과의 싸움을 벌이고 있습니다.

이전에도 유사한 일들이 있었습니다. 10여 년 전에 제가 썼던 책에서도 몇 가지 사례를 소개했었지요. 다시 인용해 보겠습니다.

'아이슬란드 에이야프야틀라이외쿠틀 화산 분출'

2010년 봄, 에이야프야틀라이외쿠틀 화산의 2차 분출은 규모가 매우 컸다. 엄청난 양의 화산재가 분출됐고, 남풍이 불면서 유럽의 항공 교통은 마비됐다.

'태국 짜오 프라야 강 범람'

2011년 10월 태국의 짜오 프라야 강이 범람하여 반세기 만에 심각한 홍수가 발생했다. 이로 인해 방콕 북부의 주요 산업 단지가 침수되었고, 이 지역에서 생산되는 컴퓨터와 자동차 부품의 생산이 차질을 빚었다.

세계화가 본격화되기 전까지만 해도 이런 사건은 뉴스 말미에 5분 정도 할애된 해외 토픽에서 다른 뉴스들과 짤막하게 소개될 일이었습니다. 그런데 세계화로 아이슬란드의 이름도 난해한 화산의 폭발이 내가 다니는 회사에

막대한 영향을 주기 시작한 것이지요. 이때 판매 부문은 거의 전시 상황이었습니다. 유럽에 위치한 거래선의 모든 납기일을 체크해야 했고, 인근 국가에 가용한 제품 재고가 있는지도 확인해야 했죠. 그리고 화산재로 운행이 불가능한 항공편 이외의 운송 방법이 검토되었고, 최악의 경우 납기가 부러질 경우에 발생할 위약금 관련 내용도 회의에서 논의되었습니다. 민간 항공사의 항공기는 모두 최소되었기 때문에 전용기가 동원되기도 했습니다. 그리고 그날 오후, 당분간은 유럽으로 수출이 불가능했기 때문에 해당 물량의 생산계획이 모두 취소되고 다른 대륙의 물량으로 계획이 생산계획으로 변경되었습니다.

아이슬란드 화산 사태가 고객과 관련된 문제였다면, 태국 홍수 사태는 부품 조달에 관한 문제를 야기했습니다. 이때는 해외의 생산 법인에 근무하던 저도 직접적인 영향을 받았었죠. 제가 소속되어 있던 회사가 생산하는 제품의 주요 부품이 하드 디스크였습니다. 불행히도 당시 우리가 사용하는 하드 디스크의 대부분을 태국에서 조달받고 있었죠. 태국의 홍수 사태가 인터넷을 통해 알려질 즈음, 사무실 직원들의 메일함에는 부품 수급 문제가 발생하지 않도록 대책 수립을 해야 한다는 내용의 메일과 회의계획이 쌓이기 시작했습니다.

코로나19 사태 이후 나온 뉴스들과 10년 전 뉴스를 보면 유사해 보입니다. 하지만 둘 사이에는 근본적인 차이가 있습니다. 화산과 홍수 사태는 세계화가 원인이었지만 세계화의 속도를 늦추지는 않았습니다. 공급처를 다변화하는 결과를 낳았죠. 한 국가나 지역에 치우쳐 있던 핵심 부품 공급처나 공장, 제품 보관창고를 세계 여러 곳으로 분산하는 조치가 이루어졌죠. 어쩌면 세계화를 더 강화하는 결과를 낳았는지도 모릅니다. 반면 코로나19 사태는 전혀 다릅니다. 이번에는 안전을 위해 물리적으로 교류와 접촉이 제한되며 문제가 촉발되었죠.

현대차 공장의 라인을 세운 '와이어링 하네스'라는 부품은 엄청난 기술이 들어간 최첨단 제품도, 자동차의 성능을 좌지우지하는 핵심 부품도 아닙니다. 단지 자동차 안에 수없이 들어 있는 전선들을 묶고 정리하는 부품이죠. 그렇다 보니 수익성이 좋지 않았고, 세계화로 원가를 줄일 수 있는 특정한 국가에 공급업체가 집중되다가 어느 순간 그 업체들마저 몇 개 안 남게 되어 버린 겁니다. 이런 상태에서 코로나19 사태가 터졌고 중국은 사태가 심각해지고 춘절(우리나라의 설날) 연휴가 겹치자 도시를 봉쇄합니다. 그 결과는 현대자동차 주 생산 라인의 중단이었죠.

불산은 조금 특별한 경우였죠. 코로나19 사태를 핑계로 일본 정부가 수출 제한을 하긴 했지만, 다른 정치적인 이유가 있었죠. 원인이야 무엇이었든 문제는 국가가 전염병 등의 이유로 특정한 제품의 수출을 갑자기 막을 수 있다는 것이었죠. 이런 문제는 이후에 마스크, 진단키트, 특히 코로나19 예방 백신의 수출과 수입에서 빈번하게 일어납니다. 최근에는 반도체에서 이 문제가 불거지고 있죠. 미국과 중국의 주도권 다툼까지 섞이면서 경제 전쟁 양상을 보이기까지 하고 있습니다.

10년 전 문제가 발생했을 때 공급선을 세계의 여러 곳에 분산하는 형태로 문제를 해결했다면, 이번에는 두 가지 방향으로 문제 해결이 이뤄지고 있습니다. 첫 번째는 지리적, 정치적으로 가까운 곳들을 '블록화' 하는 것이고, 두 번째는 디지털 기술을 활용한 '비대면' 체계의 구축입니다.

전 세계를 대상으로 효율화와 비용/재고 최소화라는 두 개의 큰 기둥으로 지탱되던 글로벌 SCM 체계에 변화의 시기가 다가온 겁니다. 이제 비대면과 블록화라는 새로운 방향에 맞춰 물리적 공급망이 재편되고 동시에 재편된 공급망의 최적화 작업이 뒤따르겠지요. 이 과정을 어떤 기업과 공급망을 빠르게 완성하느냐에 따라 미래의 명암이 갈리겠죠.

그렇다고 그동안 정답처럼 여겨졌던 공급망의 자원을 효율화하여 비용과 재고를 줄이는 형태의 공급망 구성과 전체 최적화가 완전히 버려지는 것은 아닙니다. 그 바탕 위에 거역할 수 없는 전제조건인 '안전'이 더해지는 형태가 되겠지요. '안전'이 확보되지 않은 자원 효율화와 전체 최적화는 있을 수 없습니다. 안전을 먼저 확보한 상태에서 자원의 효율을 극대화하는 방향으로 공급망이 재편되는 동시에 최적화되고 있습니다.

두 번의 전성기와 SCM의 본질

지금까지의 이야기를 종합해보면 왜 지금 SCM이 다시 주목받는지 알 수 있습니다. 세계화로 공급망이 주목받기 시작했고, 글로벌 차원에서 자원을 최대로 효율화하는 방향으로 공급망이 편성되었죠. 그리고 편성된 공급망을 10년 넘게 최적화해 왔습니다.

2019년 말에 코로나19가 시작되고 장기화되면서 두 번째 물결이 SCM에 영향을 주기 시작합니다. 안전이 거스를 수 없는 방향성이 되었고 공급망은 블록화되고 비대면이 가능한 형태로 재편되고 최적화하게 됩니다.

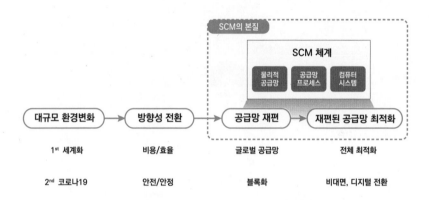

대략 이런 그림이 되겠네요. 물론 코로나19로 재편된 공급망의 최적화 방향이 어떻게 될지는 아무도 모릅니다. 지금 상황을 보면 비대면과 디지털 전환이 최적화의 큰 방향으로 보일 뿐이죠. 그런데 아직은 뭔가 허전합니다. 첫번째와 두 번째 전성기 사이에 분명히 작은 파도들이 있었습니다. 공급망을 대대적으로 재편할 정도는 아니지만, SCM에 적지 않은 영향을 준 사건들이 분명 존재했습니다. 사람들은 동시대에 대세로 자리잡은 개념을 이름에 가져다 쓰고 싶어하죠.

세계화가 대세가 되면서 글로벌이라는 용어가 유행이었습니다. '글로벌 SCM'이라는 말이 나왔습니다. 같은 선상에서 비슷한 용어들이 여럿 있었습니다. 환경을 고려한다는 '그린 SCM', 소셜 미디어가 유행할 때 SCM에 소셜 미디어를 적극 활용해야 한다는 '소셜 SCM', 모바일 기기를 활용해 적시에 정보를 확인하고 입력한다는 '모바일 SCM' 등이 있었죠. '글로벌 비즈니스 SCM으로 정복하다'를 집필할 당시에는 언급된 다양한 SCM을 SCM 1.0과 SCM2.0으로 나누어 설명했었습니다. 제 기억에 SCM4.0까지 갔었던 것 같습니다. 이런 구분법은 3.0을 넘어가면 임팩트가 뚝 떨어지죠.

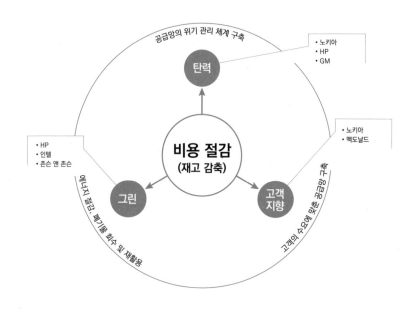

SCM 2.0 / 출처: 삼성경제연구소(SERI)

당시 책에서 인용했던 삼성경제연구소(SERI)가 정리했던 SCM2.0 그림입니다. 전통적인 SCM은 '생산, 유통 등 모든 공급망 단계를 최적화해 수요자가 원하는 제품을 원하는 시간과 장소에 제공하는 것'이었고, SCM2.0에 대비해 이를 SCM1.0이라 칭했습니다. 최적화의 방향은 중심에 있는 비용과 재고 절감이었죠. 여기에 새로운 트렌드를 더한 것이 SCM2.0이었습니다. 시간이 꽤 지난 지금 보면 그 방향성과 사례로 든 기업들이 그리 적절해 보이지는 않네요. 하지만 그때는 저도 납득이 되었고 고개를 끄덕였습니다. 같은 맥락에서 저 스스로 이런 유사한 형태의 작업을 한다는 것이 조금은 걱정되지만, 긴 호흡에서 SCM의 부침을 설명하기 위해서라 자위하며 앞서 본 SCM의 본질을 바탕으로 다시 정리를 해볼까 합니다.

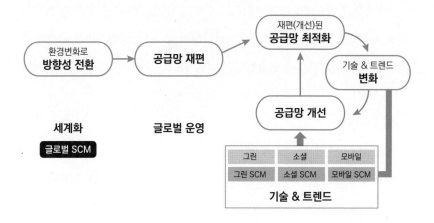

세계화로 SCM이 처음 주목받았습니다. 지역과 국가에 한정되어 있던 공급망은 전 세계로 확대되었고 그에 따라 글로벌 공급망을 구성합니다. 물리적인 공급망이 만들어지면 그 다음은 공급망을 최적화하는 것이 뒤따릅니다. 글로벌 운영을 통해 비용과 재고를 최소화하고 공급망 내의 자원 활용을 극대화하는 방향으로 공급망 최적화가 이뤄집니다. 이 시점을 '글로벌 SCM'이라 부릅니다.

이후로 10년 정도 글로벌하게 재편된 공급망 최적화가 진행됩니다. 그 과정에서 새로운 기술과 트렌드가 만들어집니다. SCM은 이를 통해 공급망을 개선합니다. 페이스북과 인스타그램 같은 소셜 네트워크를 활용하여 고객과 협력사와의 소통 수준을 높이는 것을 '소셜 SCM'이라 했습니다. 또 스마트폰으로 대표되는 모바일 기기들을 적극 활용하여 필요한 정보를 실시간 입력하고 집계하는 '모바일 SCM'도 언급되었죠. 지구온난화를 막기 위해 이산화탄소를 줄이기 위한 노력도 SCM의 주요한 화두가 됩니다. '그린 SCM'이라 칭했습니다.

그렇게 SCM의 기업 경영의 인프라로 자리 잡았고 마치 공기 같은 것이 되었죠. 공기는 항상 있으니 평소에는 의식하지 않게 되죠. 하지만 어떤 원인에 의해 공기가 나빠지거나 없어진다면 어떨까요? 그런 일이 2019년에 일어납니다. 코로나19가 등장했고 불행히도 2년이 지난 지금도 여전히 맹위를 떨치고 있습니다.

공급망의 방향성은 급격히 전환됩니다. 자원 효율화를 통해 비용과 재고를 최소화하는 방향으로만 직전하던 SCM은 '안전'을 가장 먼저 고려하게 됩니다. 코로나19 발생 초기에 애플은 이런 조치를 내립니다.

> **'애플이 공급망(SCM)과 관련해 새로운 실험에 도전한다'**
>
> 4월 21일(현지시간) 〈폰아레나〉는 〈닛케이아시안리뷰〉를 인용해 애플이 올해 4월부터 내년 3월까지 1년간 아이폰 생산량을 2억 1천 300만 대로 설정했다고 보도했다. 직전 1년간 생산량인 2억 500만 대보다 4% 증가한 수치인데, 시장 수요 회복에 따른다기 보다는 부품 조달 차질을 우려한 조치라는 설명이다. 아이폰12(가칭, 올해 신작) 시리즈를 미리 대거 생산해 재고로 쌓아두는 전략을 취하는 것이다.

지금까지 애플의 제품 설계는 미국 캘리포니아에서, 생산은 중국에서 폭스콘을 통해 하는 방식을 취해왔습니다. 각종 부품 재고와 완성품인 아이폰 재고를 최소화하면서 세계 시장 수요를 고려해 재고 비용을 최소화하는 극단의 SCM 전략을 펼쳐 왔죠. 이를 통해 판매량으로 1위가 아니지만 세계 스마트폰 시장 전체 수익의 90% 이상을 가져가는 알짜 장사를 할 수 있었죠. 현재 애플 최고경영자(CEO)인 팀 쿡이 승승장구한 비결이 바로 이 전략을 성공적으로 지휘한 데서 있습니다. 그러나 코로나19로 인해 중국이나 미국, 한국 등지에 있는 부품 공급업체들의 공급 차질 우려는 물론 코로나19라는 팬데믹으로 전체적인 스마트폰 시장 수요 침체 우려가 더해지는 수급 혼란을 우려해 이번에는 미리 쌓아두고 판매하는 것으로 전략을 수정한 것입니다. 팬데믹으로 인해 인력과 물자의 이동이 어려워지고 안전에 위협받을 것을 예측해 미리 움직인 것입니다.

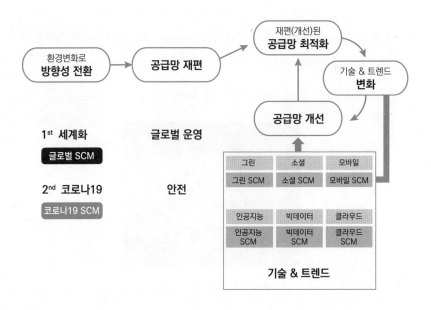

앞에서 본 프레임에 코로나19로 촉발된 공급망 재편을 반영해 보면 그림과 같은 형태가 될 것입니다. 글로벌 운영을 통해 비용과 재고를 최소화하는 방향으로 공급망을 구성하고 최적화하던 것에서 '안전'이 전제 조건이 됩니다. 아무리 비용과 재고를 줄일 수 있더라도 안전에 위배된다면 할 수 없으니까요. 그래서 나온 개념들이 비대면, 모듈화 등입니다.

비대면은 '언택트(Un-tact)'라는 용어로 시작했죠. 접촉을 하지 않고 강의를 듣고, 회의를 하는 등 커뮤니케이션 하기 위해서는 IT 기술이 필요했습니다. 줌(Zoom)으로 대표되는 '온택트(Online + Un-tact)'라는 용어를 거쳐 지금은 '비대면'으로 정리되었죠. 그런데 비대면과 SCM이 무슨 관계일까요? 엄청난 영향을 줍니다.

코로나19 초기, 세계 곳곳에서 처음 봉쇄가 진행될 때 사람들은 이 상황이 길어야 한 달 정도라 생각했습니다. 사람들이 거리에 나오지 못하게 되면 가장 먼저 영향을 받은 것은 판매였죠. 스마트폰 판매가 급감했고, 자동차도 매장에 갈 수 없으니 초기에는 판매가 줄었습니다. 하지만 오래 가지 않을 거라 생각했기에 특별한 대응을 하지 않았습니다. 그런데 그 기간이 점점 길어지기 시작했습니다. 뭔가 방법을 찾아야 했죠.

자동차 비대면 시승 및 구매 사례

서로 접촉하지 않고 자동차를 시승하고, 구매할 수 있는 서비스가 만들어집니다. 팬데믹 초기에 주춤했던 자동차 판매는 다른 사람과의 접촉을 최대한 줄이기 위해 자차로 움직이는 경향과 합쳐지며 원래 수준으로 돌아갑니다. 차를 비대면으로 구매할 정도이니 다른 제품은 더 말할 필요가 없겠죠. 준비가 되어 있었거나 빠르게 비대면 서비스를 구축한 기업은 코로나19의 영향에서 벗어나기 시작했습니다.

판매만 그랬던 것은 아닙니다. 생산도 비슷한 문제에 직면합니다. 대표적인 스마트폰 제조사인 애플과 삼성의 주요 생산 거점이 어디일까요? 애플은 중국이고, 삼성은 중국이었다가 지금은 베트남이죠. 어쨌든 미국과 한국은 아닙니다. 국경이 폐쇄되는 마당에 출장은 생각하기 어려웠죠. 그런데 신제품 출시는 코앞입니다. 애플과 삼성의 이미지에 현혹되어 스마트폰이 생각할 수 있는 모든 고려사항을 다 고려하고 준비해서 개발될 거라 생각하면 오산입니다. 양산 초기는 어떤 곳이나 전쟁터죠. 아무리 잘 설계하고 개발했어도 실제로 대량 생산이 들어가면 생각지도 못한 문제가 터집니다. 그래서 출시를 앞두고 엄청난 엔지니어 군단이 중국으로 투입되곤 했습니다. 이들은 생산 라인에서 같이 일합니다. 생산이 안정될 때까지 현장에서 지원하는 것이죠. 그런데 코로나19로 해외 출장이 어려워졌습니다. 예전처럼 대규모로 해외 출장을 가는 건 거의 불가능이죠. 그래서 처음에 저는 애플이나 삼성 스마트폰의 출시가 지연될 것이라 생각했습니다. 그런데 제 예측은 역시나 빗나갔죠. 비대면으로 빠르게 전환했습니다.

왜 글로벌 IT 기업들은 팬데믹에도 더 잘나갔을까요? 다양한 원인이 존재하겠지만, 그 중에 하나는 비대면 체계에 대한 준비가 되어 있었기 때문이라 생각합니다. 글로벌 기업은 이미 높은 수준의 IT 인프라를 가지고 언제라도 비대면 체계로 전환할 수 있었습니다. 문화가 잘 바뀌지 않는 것이 더 큰 문제였죠. 그런데 코로나19가 그것을 강제화해 버린 것이죠. 여기에 비해 소규모 회사나 가게를 하는 분들은 당장 새로 투자할 여력이 안 됩니다. 그저 코로나19가 끝나기를 바랄 뿐이었죠. 그런데 예상과 달리 상황은 장기화되었고, 그 격차는 지금도 더 벌어지고 있습니다.

스마트폰을 포함한 제조사는 생산에도 고려해야 할 부분이 많습니다. 제조업체가 주목해야 할 키워드로 '공급망 모듈화'가 자주 언급되고 있는데요. 코로나19와 같은 비상사태에 대비하기 위해 생산지를 여러 곳으로 분산해야 하는 필요가 생겼기 때문입니다. 애플은 무선이어폰 에어팟 생산 물량을 중국에서 베트남으로 전환하기도 했습니다. 공급망 모듈화는 코로나19 이전에도 진행되고 있었습니다. 소비자의 요구사항이 개인화되면서 '특화된' 사양을 요구하는 사례가 늘고 있습니다. 그래서 대형 공장 중심의 '일관형' 공급망 만으로는 다양하게 변화하는 소비자 요구를 만족시키기 어려웠습니다. 그래서 생산설비를 분산시키고 '레고블록형'으로 공급망을 구성하기 위한 노력이 있었는데, 코로나19로 그 속도가 빨라지고 있습니다.

문제는 SCM에 비대면이나 블록화를 적용하는 것이 쉽지 않다는 점입니다. 여기에는 반드시 디지털 전환이 뒤따릅니다. 특히 블록화는 생산 거점의 규모를 줄이고 숫자를 늘리는 형태입니다. 이때 본사와 각 생산 거점에서 생산하는 제품의 품질이 균일하게 유지되어야 하죠. 과거에는 이를 위해서 신제품 출시 시점에 대규모 인력이 출장을 갔습니다. 지금은 불가능하죠. 그래서 컴퓨터 시스템의 지원이 필수입니다. 본사의 일하는 방식과 정보를 해외의 생산 거점에서도 동일하게 사용할 수 있어야 하죠. 이를 위해서 클라우드는 기본이고 빅데이터와 인공지능, IoT, 블록체인 같은 새로운 기술이 SCM

에 반영되고 있습니다.

지구온난화가 지구에 심각한 위협이 되고 있습니다. 그런데 지구의 역사를 반추해보면 지금보다 훨씬 큰 기온의 변화가 있었습니다. 그럼 왜 지금은 문제가 될까요? 모든 물리 시스템이 그렇지만 지구도 복잡한 시스템이라 평균 온도가 천천히 바뀌면 천천히 변화하며 적응합니다. 문제는 갑자기 확 바뀌는 것이죠. 이럴 경우에는 한참 요동을 치다가 평형점으로 갑니다. 지금처럼 온도가 빠르게 변하면 지구 여기저기가 요동을 칩니다. 그래서 가장 큰 문제는 더워지는 게 아니라 기상이변이 잦아지는 거라고 합니다. 어쩌면 SCM이 주기적으로 주목받는 이유도 이와 비슷한 메커니즘이 아닐까요?

개념편을 여기서 마치겠습니다.

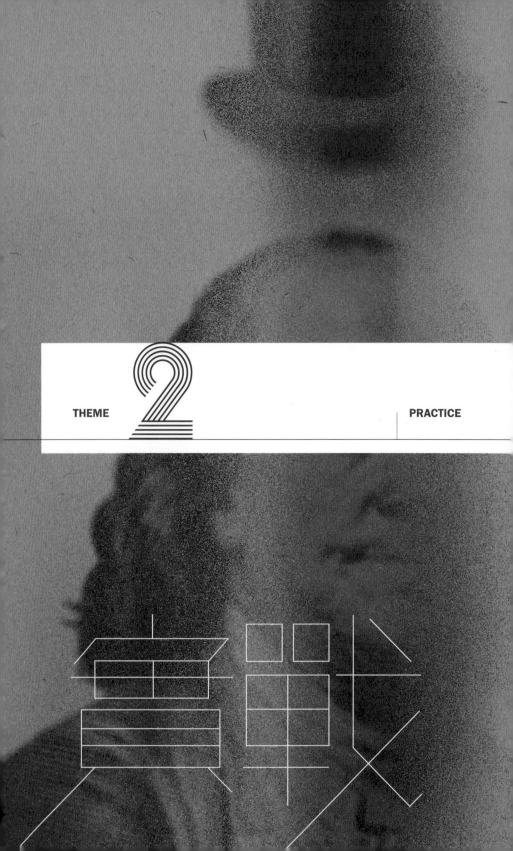

THEME **2** PRACTICE

실전편 | 마법사와 삐에로

승리를 원하면 원할수록 승리를 위해
더 많은 대가를 치러야 한다.
눈에 보이는 비용 외에 무형의 비용을
고려해야 한다.
역사는 비용을 무시한 이들의 시체로
어지럽혀져 있다.

로버트 그린,
인간 생존의 법칙 中에서

개념편에서 SCM의 본질을 이론적으로 살펴보았습니다. SCM의 본질은 물리적 공급망, 공급망 프로세스, 컴퓨터 시스템으로 이루어진 SCM 체계를 구성하고 최적화하는 일의 반복이었죠. 개념편을 통해 간략하게 물리적 공급망의 구성, 공급망 프로세스를 만드는 과정, 그리고 공급망 프로세스를 컴퓨터 시스템으로 만드는 과정을 알아봤습니다. 그리고 대규모 환경변화가 만드는 SCM의 부침에 대해서도 알아봤죠. 실전편에서는 개념적으로만 살펴봤던 수요와 공급 프로세스의 구체적인 모습과 최적화를 공급망 프로세스와 컴퓨터 시스템에 적용하는 방식까지 따라가 보겠습니다.

마눌님을 통해 가방 사업의 미래를 확신하게 된 남편은 가방을 직접 만들어 팔아 보기로 했습니다. 사업은 순조롭게 성장해 가방 공급망을 구성하고 컴퓨터 시스템까지 만들게 되었습니다. 공급망을 구성했으면 최적화해가야 하겠지요. 앞에서 봤던 공급망 관리의 기본 원리를 떠올려보죠.

1 수요와 공급을 최대한 맞춘다.

2 이를 위해서 주문을 받을 때부터 고객에게 제품을 배송 완료하거나 서비스를 마칠 때까지의 시간(전체 리드타임)을 최소화한다.

3 리드타임을 최소화하기 위해 계획과 실적을 끊임없이 관리한다.

4 이상의 일을 최소한의 자원으로 수행한다.

5 잘 돌아가면 수요를 늘린다.

6 이상의 과정(1번 ~ 5번)을 계속 반복한다.

사업의 규모가 커지고 공급망의 복잡도가 높아지면 수요와 공급에 대한 계획이 필요해집니다. 계획에 따라 실행을 하면 실적이 발생할 것이고, 실적은 다시 계획의 정확도를 높이기 위해 피드백 됩니다. 앞에서 이 과정을 다음 페이지에 있는 그림으로 표현했었죠.

수요와 공급의 균형을 맞추는 과정에서 가장 첫 단계인 수요계획과 공급계획을 조율하는 과정을 간단하게 알아보겠습니다.

그림에 표시된 바와 같이 SCM 체계의 시작은 수요계획입니다. 가방에 대한 수요가 있어야 수요계획을 세우고 수요를 맞추기 위한 공급계획을 수립할 수 있겠죠. 사업을 시작하는 시점에는 수요를 계획해야 할 필요가 없을 겁니

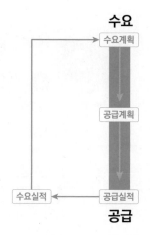

수요

수요계획

공급계획

수요실적 ← 공급실적

공급

다. 몇몇 아는 사람을 통해 주문을 받은 것만 만들어 팔면 될 테니까요. 그러다 입 소문이 나고 빅히트된 가방이 나오면 주문을 받고 생산을 하는 체계로는 한계가 있습니다. 고객이 몇 달을 기다릴 수도 있고, 시간이 지나 유행이 지나면 주문 취소로 이어지겠죠. 회사 입장에서도 수만 개를 팔 수 있는 기회를 놓치고 겨우 수천 개를 판매하는 선에서 끝날 리스크가 있습니다. 그래서 수요를 미리 예측할 필요가 있습니다. 물론 마법사라면 수요를 미리 예측할 필요가 없지요. 수요를 받는 즉시 만들어서 팔면 되니까요. 하지만 우리는 마법사가 아니니까 가방을 만들 준비를 하고 실제로 가방을 만들고 고객에게 전달할 시간이 필요합니다. 이 시간 전체를 '공급 리드타임'이라 합니다.

공급 리드타임

가방 만드는 과정을 간단하게 표현하면 그림과 같이 될 겁니다.

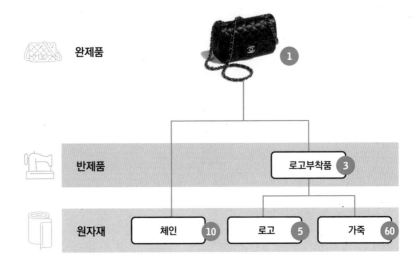

완제품   1

반제품   로고부착품   3

원자재   체인   10   로고   5   가죽   60

　가방을 만드는 모든 과정을 직접 할 수는 없기 때문에 일부는 다른 회사에서 만든 것을 구매하게 될 겁니다. 이것을 우리 회사 관점에서 원자재라 합니다. 구매의 대상이죠. 우리 회사는 가장 중요한 재료인 가죽은 이태리에서 직수입(그래서 리드타임이 가장 깁니다)하고 어깨 끈에 해당하는 체인과 브랜드의 금속 로고를 전문업체에 제작을 요청해 사기로 했습니다. 체인, 로고, 가죽이 원자재가 되고 이를 이용해 우리 공장에서 완제품을 만듭니다. 만약 장인이 혼자서 가방을 만드는 체계라면 필요한 모든 원자재를 준비하고 바로 완제품을 만들 수 있겠지요. 하지만 분업화된 대량생산 체계라면 원자재와 완성품 사이에 반제품이라는 중간제품이 필요합니다. 그림에서는 원자재인 가죽을 가공해 로고까지 붙인 상태를 '로고부착품'이라는 반제품으로 정의 했습니다. 마지막에는 반제품인 로고부착품과 원자재인 체인을 더해 '명품백'이라는 완제품을 만듭니다. 이렇게 하나의 제품을 만들어 내기 위한 부품과 반제품의 계층구조를 'BOM(Bill Of Material, '봄'이라 읽습니다)'이라 합니다.

문제는 각각의 일에 시간이 필요하다는 것이고, 이를 '리드타임'이라 합니다. 원자재는 주문을 내고 우리 공장에 입고할 때까지 걸리는 시간이 필요하고 이를 '구매 리드타임'이라 합니다. 체인, 로고, 가죽 각각의 구매 리드타임을 그림처럼 표시할 수 있겠죠. 반제품과 완제품은 우리 공장에서 작업을 하는 시간입니다. 로고부착품이라는 반제품을 만들려면 원자재인 가죽 원단을 가방에 맞게 자르고 바느질하는 가죽 가공 공정이 있어야 할 것이고, 여기에 납품받은 로고를 세척하고 붙여야 할 것입니다. 각각의 작업에는 작업 리드타임이 필요합니다.

이를 정리하면 그림과 같은 형태가 될 것이고 각각의 작업을 '공정(Operation)'이라 합니다. 그리고 이 공정들을 그림처럼 순서대로 배열한 것을 '라우팅(Routing, 작업순서)'이라 부릅니다. 라우팅에 포함된 모든 공정의 리드타임을 더하면 로고부착품 반제품의 '공정 리드타임'이 나오겠죠. 마찬가지로 완제품도 로고부착품 반제품과 체인을 결합하고, 최종 검사를 하는 공정을 거쳐야 하죠.

그럼 가방을 만드는 데 소요되는 '생산 리드타임'은 며칠일까요? 각 단계의 리드타임을 다 더해주면 됩니다. 다만 원자재는 세 가지가 있지만 가장 긴 리드타임이 부품을 조달하는데 필요한 리드타임이 될 것이므로 가장 긴 60일만 더해주면 되겠죠. 그래서 구매 리드타임 60일, 반제품 공정 리드타임 3일, 완제품 공정 리드타임 1일을 더하면 전체 생산 리드타임은 64일이 됩니다. 그런데 여기서 끝이 아니죠. 다 만든 가방을 고객에게 배송하는데 시간이 걸립니다. 배송 리드타임(Delivery Lead Time)을 3일이라 가정하면 제품을 주문 받아서 고객의 손에 쥐게 하는 데까지 총 67일이 걸립니다. 이를 '공급 리드타임'이라 하겠습니다.

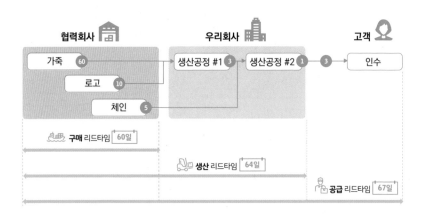

최고급 이태리 가죽 수급의 대부분을 시간이 소요되긴 하지만, 어쨌든 내가 마음에 든 가방을 손에 넣기까지 2달이 넘게 걸린다면 구매를 결정하기 쉽지 않을 겁니다. 그 사이에 더 싼 가격으로 매력적인 가방이 나올 수도 있죠. 그래서 기업은 수요를 미리 예측하고 싶어 합니다. 두 달 이후에 어느 정도 팔릴지를 미리 알고 있다면 가방을 2달 전에 만들기 시작해서 고객이 주문하는 즉시 손에 쥐여줄 수 있기 때문이죠. 그래서 수요는 예측이 필요합니다. 물론 산업이나 기업 전략에 따라 주문을 받아서 생산하는 기업도 있습니다. 앞서 본 그림의 좌측에 해당하는 제품들이죠. 하지만 대부분의 제품은 오른쪽에 있는 대량생산과 대량맞춤생산에 속합니다. 이후 설명도 이를 위주로 하겠습니다.

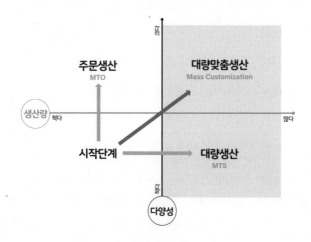

수요계획

수요예측은 영어로 'Forecast'라 합니다. 뜻을 찾아보면 '(날씨를) 예보하다, (미래를) 예상하다.' 등의 의미가 있습니다. 일기예보도 영어로 'Weather Forecast'라고 하는데, 생각해 보면 일기예보는 기상 캐스트의 감으로 하는 것이 아니라 슈퍼컴퓨터로 과거 30년 동안의 일기 데이터를 분석해서 예측하는 것입니다. 여기서 수요예측의 의미를 유추할 수 있습니다. 수요예측은 미래를 예측하되, 마구잡이로 예상하는 것이 아닙니다. 과거의 자료를 포함한 데이터에 기반하여 미래를 예상하는 것입니다. SCM에서 사용되는 수요예측은 무엇일까요? 간단히 말하면 분석 또는 통계적 기법을 통해 미래의 판매를 예측하는 것입니다.

수요예측을 잘 정리하면 수요계획이 됩니다. 그냥 예측만 해 두고 정리를 하지 않는다면 그냥 예언일 뿐이지요. 계획다운 계획이 나오기 위해서는 예측이 체계적이어야 합니다. 얼마나 먼 미래까지, 어떤 기간단위로, 얼마의 주기로 예측해 계획할 것인지 정해야 합니다. 이 세 가지를 업계 용어로 얘기하면 '계획기간(Planning Horizon)', '계획단위(Time Bucket)', '계획주기(Planning Period)'가 됩니다. 계획기간은 가방 회사의 경우 최소 67일은 되어야 하겠지요. 최소한 그때 원자재를 주문해야 고객이 원하는 시점에 완성할 수 있기 때문이죠.

계획단위는 월(Month), 주(Week), 일(Day)이 주로 사용됩니다. 수요계획단위를 월(Month)로 한다면 가방이 월별로 몇 개씩 팔릴지 예측하면 됩니다.

1월	2월	3월	4월	5월	6월
100	80	150	100	100	100

계획단위(월, Month)

계획기간(6개월)

그림과 같이 계획했다면 계획기간은 6개월, 계획단위는 월(Month)이 됩니다. 마지막으로 계획주기가 남았습니다. 계획주기는 계획단위와 연관이 있습니다. 만약 회사에서 하나 이상의 계획단위를 사용한다면 보통 가장 짧은 계획단위를 계획주기로 정합니다.

가방 회사 사례에서는 한 달에 한번 계획을 수립하는 형태가 되겠지요.

1월 계획	1월	2월	3월	4월	5월	6월		
	100	80	150	100	100	100		

2월 계획		2월	3월	4월	5월	6월	7월	
		85	160	100	100	100	100	

3월 계획			3월	4월	5월	6월	7월	8월
			155	110	100	100	100	100

그림과 같이 1월에 1월부터 6월까지의 수요계획을 수립합니다. 2월이 되면 2월부터 7월까지를 계획하겠지요. 3월은 8월까지 계획하게 됩니다. 이런 식으로 한 달씩 늘려 계획하는 방식을 '연동계획'이라 합니다. 예로 든 사례의 경우 계획기간이 6개월인 연동계획이 됩니다. 6개월 연동계획이면 동일 월에 대해 6번 계획을 수립합니다.

그런데 왜 동일한 구간에 대한 계획을 여러 번 짜는 걸까요? 매년 1월 초에 1년치 수요계획을 수립하고 그대로 생산하면 되지 않을까요? 3월의 수요 계획량을 보세요. 같은 달의 계획임에도 불구하고, 1월에는 150개, 2월에는 160개, 3월에는 155개입니다. 왜 이럴까요? 3월은 입학, 졸업 등이 있어 수요가 많을 것으로 예상해 다른 달보다 많은 150개를 1월에 계획했습니다. 그런데 2월이 되니 경기가 좋아져서 가방이 더 팔릴 것 같습니다. 그래서 10개를 늘려 계획하죠. 그리고 실제로 3월이 되니 예상보다는 판매가 조금 줄어들 것 같아 155개로 다시 낮춘 것이죠. 이렇게 하면 두 가지 이점이 있습니다. 첫째, 같은 기간에 대해 여러 번 계획을 수립하니 계획의 정확도가 높아집니다. 둘째, 이태리 가죽처럼 납기가 긴 장납기 자재(납기가 긴 자재)에 대한 대응력이 높아집니다. 3월에 생산할 가방이라도 이태리 가죽은 2달 전에 주문을 넣어야 하니 1월에 수립한 3월 계획을 기반으로 나가게 되겠지요.

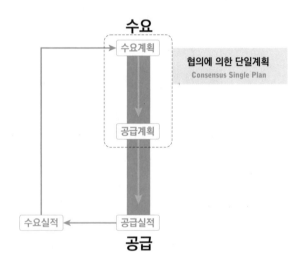

공급계획으로 넘어가기 전에 조금만 더 상세히 수요예측에 대해 알아보겠습니다. 앞에서 매월 가방이 몇 개씩 필요할지 수요예측을 했습니다. 그런데 이 수요예측을 한 사람의 판단으로 정하면 될까요? 만일 사업규모가 적고 아직은 단골 위주로 가방을 팔고 있다면 경험 많은 한 사람이 한 번만 예측하고 공급단과 협의하여 실제 생산할 수량을 확정하면 됩니다. 그런데 회사의 규모가 많이 커지고 전국 매장에 가방을 수만 개씩 진열해 파는 규모라면 이야기가 달라집니다. 무언가 계층구조를 만들고 특정한 체계에 의해 예측 수량을 합하고 공급단과 조율하는 프로세스가 필요해집니다.

명품 가방 회사가 그림과 같이 서울, 경기, 부산 지역 매장을 담당하는 지역별 담당자가 있고 전국을 총괄하는 팀장이 있는 구조라 가정하겠습니다.

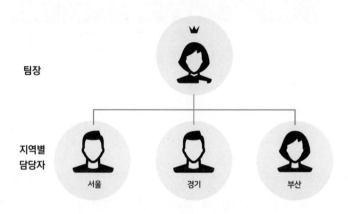

이런 구조에서 각 지역별로 예상되는 월별 수요를 가장 정확하게 알 수 있는 사람은 지역별 담당자이겠지요. 그래서 처음에는 지역별 담당자가 월별 수요예측을 수립합니다.

	1월	2월	3월	4월	5월	6월
서울	50	40	100	50	50	50
경기	30	30	50		20	
부산	20	10		50		20

각 지역 담당자들이 수립한 계획은 그대로 반영되지는 않습니다. 전국으로 집계된 내역을 보고 예측치를 조정합니다. 아무래도 바로 다음달 예측치에 대해서는 크게 조정을 하지 않겠죠. 다음달 수요예측치는 거의 판매가 정해 진 물량이 대부분이기 때문이죠. 하지만 4달, 5달 이후의 물량은 아직은 확 실하지 않기 때문에 의욕치를 더 줄 수 있습니다.

	1월	2월	3월	4월	5월	6월
팀장	100	80	140	120	100	100
서울	50	40	100	50	50	50
경기	30	30	50		20	
부산	20	10		50		20

그림을 보면 1월과 2월의 예측치는 각 지역별 담당자의 예측치를 더한 값 과 팀장의 예측치가 동일합니다. 하지만 3월은 지역별 담당자의 합은 150개 이지만 팀장이 10개를 줄여 140개 했습니다. 대신 4월로 그 물량을 돌리고 10개 정도를 더했습니다. 5월과 6월은 담당자들이 너무 소극적으로 예측치 를 올렸기 때문에 팀장이 의욕치를 더했습니다. 이런 형태로 최종 수요예측치 가 정해지고 반영되는 것입니다.

이 시점에서 하나 생각해볼 점이 있습니다. 과연 지역별 담당자 혹은 영업 사원은 이 예측치를 정확하게 입력할 동기 부여가 있을까요?

동기가 있는 곳에 정확한 수요예측 데이터가 있다

SCM 체계가 도입되고 수요 – 공급 단일계획이 일반화되기 전에 영업사원들은 자신들의 미션을 무엇이라 생각했을까요? 우리 회사의 제품이나 서비스를 최대한 많이 파는 것이었습니다. 그런데 SCM 체계가 정착되고 컴퓨터 시스템에 의해 제품별 수익성이 빠르게 계산되면서 많이 파는 것과 회사의 수익이 무조건 비례하는 것이 아니라는 것을 알게 됩니다. 주문을 받아오더라도 당장 다음주에 납품해야 할 물량을 대량으로 받아오면 공급단에서는 자재도 갑자기 조달해야 하니 비싸게 사야 하고, 작업자도 계획에 없던 일을 해야 하니 잔업이나 주말근무를 하게 됩니다. 그만큼 원가가 높아지게 되죠. 반대로 의욕이 넘쳐 너무 많이 수요예측을 했다가 실제로는 그 반만 팔 수 있게 되면 가방 재고가 쌓이게 될 것이고, 미리 준비해 둔 생산자원(자재, 작업자, 설비 등)도 놀려야 되죠. 그래서 수요예측은 모자라지도 넘치지도 않게 해줘야 합니다. 그래야 회사 전체의 최적화가 가능해지는 것이죠. 그래서 정확한 수요예측은 중요합니다.

대부분의 회사에서 수요예측의 책임이 있는 영업사원에게 수요예측을 최대한 정확하게 하도록 만드는 방법은 무엇일까요? 돈을 많이 주면 되겠죠. 그렇다고 수요예측을 잘했다고 월급만큼 줄 수는 없습니다. 소액이면 관심을 가지지 않을 것이고요. 그래서 다른 동기 부여 방법이 필요했습니다.

여러분이 올해 새 차를 사기로 했습니다. 벌써 가슴이 두근두근 거리시죠? 영업사원을 만나 원하는 모델을 주문했습니다. 그 다음은 뭐가 제일 궁금하세요. '언제 내 차를 받을 수 있을까?' 아닐까요. 이걸 전문용어로 '납기약속'이라 합니다. 납기약속은 영업사원에게 아주 중요하겠죠. 일단 약속의 정확도가 높아야 합니다. 그리고 너무 늦지 않아야겠지요. 정확도는 100%인데

1년 후에 차를 받는다면 거기서 차를 사는 사람은 없겠죠.

지금 주문을 넣는다면 영업사원이 언제쯤 그 차를 받을 수 있는지 확인하려면 어떤 과정을 거쳐야 할까요? 각 지역의 재고를 체크할 것이고, 재고가 없으면 생산계획을 체크하겠죠. 그래서 지금 주문을 넣으면 언제 생산계획이 걸리는지 알게 될 것이고, 거기서 생산 리드타임을 더하면 언제쯤 생산이 완성되는지 알 수 있겠죠. 이런 정보를 컴퓨터 시스템이 자동으로 계산해서 날짜를 줄 겁니다. 그런데 이때 우선순위를 줄 수 있습니다. 전국에 100명의 영업사원이 있다면 같은 주에 10여 명이 주문을 넣겠죠. 그때 재고를 배정하거나 생산계획에 어떤 것을 먼저 할 것인지에 대한 우선순위를 줄 수 있습니다. 과거에 컴퓨터 시스템 없이 일할 때는 이 순서를 정하는 것이 엄청난 권력이 되기도 했죠. 바로 여기에 수요예측 정확도가 높은 영업사원에게 높은 우선순위를 줄 수 있습니다. 이건 단지 하나의 사례입니다. 제품이나 서비스의 특징, 회사의 상황에 따라 수요예측 정확도에 대한 인센티브는 여러 가지 방법으로 줄 수 있습니다. 중요한 점은 어찌됐든 동기 부여를 해서 수요예측 정확도를 높여야 회사 전체의 최적화가 가능하다는 것입니다.

이제 납기약속 프로세스를 한 번 돌려보겠습니다.

지역 담당자	1월 수요예측
서울	50
경기	30
부산	20

앞선 사례에서 1월 지역별 수요예측은 그림과 같습니다. 1월에 총 100개의

같은 가방을 세 지역에서 주문했습니다. 그런데 불행히도 100개를 모두 공급하지 못하고 80개만 제공할 수 있다고 합니다. 20개는 공급 불가입니다. (공급 가능 수량과 불가능 수량은 바로 뒤에서 볼 공급계획에 의해 정해집니다) 이럴 때 공급 우선순위를 정해야 하겠죠. 어떤 지역에 우선적으로 물량을 배분할지가 우선순위에 의해 정해집니다. 수요예측 정확도도 이때 영향을 주게 할 수 있습니다.

지역 담당자	1월 수요예측	할당 (Allocation)
서울	50	50
경기	30	20
부산	20	10

우선순위를 반영해 지역별로 물량을 배분하게 되는데 이를 '할당(Allocation)'이라 합니다. 할당 정책은 회사에 따라 다르고, 우선순위를 정하는 공식도 여러 조건이 있습니다. 만약 그 조건 중에 어느 지역이 수요예측을 정확하고 신속하게 입력했는지에 높은 가중치를 준다면 영업사원들이 수요예측에 신경을 쓰게 되겠지요.

	1월	2월	3월	4월	5월	6월
팀장	100	80	140	120	100	100
서울	50	40	100	50	50	50
경기	30	30	50		20	
부산	20	10		50		20

이런 과정을 거쳐 팀장이 최종 수요예측치를 정하고, 이 값은 공급계획으로 넘겨지게 됩니다.

공급계획

수요계획을 수립했다면 이제 공급계획을 짜야 합니다. 그런데 수요계획을 잘 짰는데 굳이 공급계획이 따로 필요할까요? 수요가 있다면 무조건 만들어서 팔아야 하는 건 아닐까요? 이윤을 따지지 않아도 된다면 공급계획은 없어도 됩니다. 최대 수요에 맞춰 가방을 만들 원자재와 사람, 기계 및 설비를 항상 준비하고 있으면 되니까요. 문제는 수요가 변한다는 것입니다. 앞에서도 봤지만 같은 달의 수요예측도 언제 수립하느냐에 따라 달라지죠. 월별로도 수요가 달라져서 최대값은 140개이고, 최소값은 80개로 거의 2배 차이가 납니다. 이럴 경우 수요대로 공급을 무조건 해야 한다면 제품을 만드는데 소요되는 자원(인력, 설비 등)은 최대값인 140개에 맞춰져야 합니다. 이럴 경우 나머지 달에는 평균 30% 정도의 자원이 놀고 있어야 합니다. 실제 회사라면 거의 수익이 없거나 심할 경우 적자가 지속될 것입니다. 그래서 거의 모든 회사에는 수요를 대표하는 판매(영업)부문과 공급을 대표하는 생산부문 간의 정기적인 회의가 있습니다. 영업 중심의 회사에서는 '판생회의(판매-생산회의)'라 하고 생산 중심 회사에는 '생판회의'라 하죠. 그리고 글로벌 SCM 체계가 자리잡은 회사는 '글로벌운영회의(GOC회의, Global Operation Center 회의)'라 합니다. 이 회의의 주된 목적이 수요단과 공급단의 협의를 통해 공급량을 확정하는 것입니다. 이를 '협의에 의한 단일계획(Consensus Single Plan)'이라 합니다. 협의는 하겠지만 분위기가 좋지는 않겠죠.

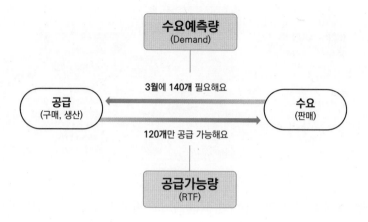

수요와 공급 간의 협의 과정을 간단하게 표현해 보면 그림과 같습니다. 수요단에서 3월에 140개의 수요를 예측(Demand, 디맨드)하면 공급단에서는 설비, 인력, 협력업체 상황 등의 가용한 자원(Capacity 또는 줄여서 '카파'라 함)을 고려하여 공급가능량(RTF, Return To Forecast, 예측에 대한 답이란 의미)을 알려줍니다. 공급에서 이렇게 답한다고 수요에서 바로 알겠다고 하지는 않겠지요. 왜 20개는 공급이 안 되는지를 묻겠죠. 이 20개를 '공급 불가능 수량(Short, 쇼트)'이라 합니다. 공급 불가능 수량에는 반드시 그 이유가 추가됩니다. 생산 자원이 모자라거나, 운송할 수단이 없다는 등의 공급불가 이유가 붙습니다. 그러면 공급 불가능 수량 중에 잔업을 통해 해결할 수 있는 것은 빼고, 원래 정해진 비행편 외에 조금 비싸더라도 제 시간에 보낼 수 있는 비행기를 찾아 해당 수량을 공급 가능하게 하는 등의 의사결정이 회의에서 이뤄집니다. 그렇게 최종적으로 정해진 공급가능량이 수요와 공급 사이에 '협의된 단일계획'이 되는 것이죠.

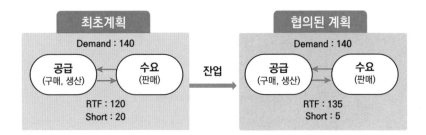

수요와 공급 간의 협의된 단일계획이 나오면 각자 후속조치를 취하게 됩니다. 수요는 공급 불가능한 물량에 대해 고객과 협의하여 일정을 조정하거나 다른 대책을 수립합니다. 공급도 합의에 의해 늘어난 물량을 커버하기 위해 잔업계획을 세우고, 더 필요해진 원자재를 공급업체에 추가 주문하는 등의 일을 하게 됩니다. 이제 확정된 공급계획대로 생산만 하면 됩니다.

그런데 이 지점에서 짚고 넘어가야 할 부분이 있습니다. 처음 제시되는 공급가능량(RTF)은 어떻게 정해지는 걸까요? 용어에서도 눈치챌 수 있듯이 공급가능량은 단순히 생산량이 아닙니다.

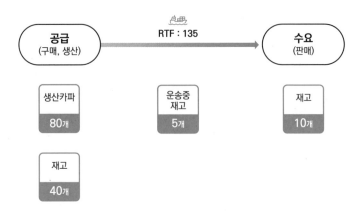

생산하는 수량 외에 이미 만들어 둔 가방이 있다면 바로 공급이 가능할 겁니다. 그래서 공급가능량은 먼저 가지고 있는 재고를 빼고, 남은 수량 중에 우리가 가진 생산카파(보유한 자원으로 생산 가능한 수량)를 더하면 되겠지요. 그런데 고려해야 할 재고가 한 가지가 아닙니다. 보통 만드는 곳과 팔리는 곳은 한 곳이 아니지요. 예를 들어 공장은 지방도시에 있고, 가방을 주로 판매하는 곳은 서울이라면 서울에 팔다 남은 가방이 있을 겁니다. 이를 '판매재고'라고 합시다. 이와 마찬가지로 공장에도 이미 만들었지만 아직 서울로 보내지 못한 가방이 창고에 있을 거예요. 이를 '공장재고'라 부르겠습니다. 그리고 마지막으로 트럭에 실어서 서울로 가고 있는 가방들이 있을 거예요. 이것을 '운송중재고'라 합니다. 이 세 가지 재고를 다 고려해서 공급가능량(RTF)이 만들어집니다.

원래 일이 진행되는 순서는 이럴 겁니다. 수요에서 수요예측치(Demand)를 150개 요청했습니다. 공급에서는 먼저 재고로 처리할 수 있는 물량을 차감합니다. 그러면 공장재고, 판매재고, 운송중재고를 더하면 55개가 처리 가능하죠. 이제 95개를 생산해야 합니다. 그런데 정상적으로 생산 자원을 운영했을 경우 만들 수 있는 수량이 65개 입니다. 그래서 최초에 공급가능량(RTF)을 120개(재고: 55개 + 생산 가능: 65개)로 답합니다. 이후에 수요와 공급 간의 회의를 거쳐 잔업을 통해 15개를 더 생산하기로 결정하고 최종 공급가능량(RTF)은 135개가 되었던 거죠.

이제 진짜 마지막으로 생산가능량이 어떻게 정해지는지 알아보겠습니다. 직관적으로 떠오르는 것은 생산 라인의 제약입니다. 예를 들어 일주일에 한 라인에서 10개의 가방을 만들 수 있는데, 가용한 라인이 7개 있다면 70개가 생산 가능 수량이 되는 것이죠. 이를 '카파(Capacity)제약'이라 합니다. 그런데 이걸로 끝이 아닙니다. 한 가지를 더 고려해야 합니다. 공장의 라인은 70개를 만들 수 있는데 가죽 같은 중요 자재가 모자랄 수 있습니다. 예를 들어 5개 분의 가죽이 일정보다 늦게 공장에 입고 된다면 추가로 5개를 빼야 하겠죠. 그래서 최초 생산가능량은 65개가 되는 겁니다. 이 외에도 아직 디자인이 완성되지 않아 화요일부터 생산이 가능할 수도 있고, 특정 가방에 대해 더 이상 생산하지 않겠다고 의사결정을 내릴 수도 있습니다. 이를 '생애주기제약 (PLC, Product Lifecycle Constraint)'이라 합니다. 이렇게 세 가지를 공급단의 대표적인 3대 제약이라 부릅니다. 지금까지의 내용을 정리하면 다음 그림처럼 됩니다.

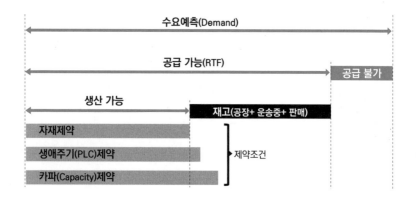

각 제약을 고려해 가장 적은 수량을 생산수량으로 하고, 여기에 가용한 재고를 더하면 공급가능량(RTF)이 됩니다. 여기에 공급불가수량(Short)을 더하면 수요예측(Demand)이 되겠지요.

이렇게 보면 SCM이라는 것이 너무 간단해 보입니다. 간단한 더하기 빼기만 하면 다 이해가 되니까요. 그런데 이 단순한 것들이 모이고 그 위에 또 더해지면 점점 복잡해집니다. 마치 프랙탈 같습니다.

프랙탈은 단순한 구조가 끊임없이 반복되면서 복잡하고 묘한 전체 구조를 만드는 것을 말합니다. 그림처럼 단순한 삼각형 속에 작은 삼각형을 끝없이 그려 넣으면 점점 복잡해지죠. 삼각형 프랙탈을 만드는 것처럼 우리도 조금 더 자세하게 그려보겠습니다.

수요계획 수립부터 실적을 집계하는 것까지를 간단히 정리해 보면 다음의 형태가 됩니다.

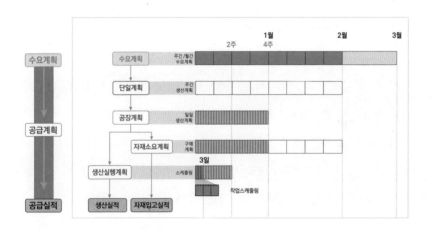

제일 먼저 수요계획을 수립합니다. 계획기간(Planning Horizon)은 만드는 제품의 특성과 회사의 상황에 따라 기간을 정합니다. 가방과 같이 유행을 많이 타는 제품은 너무 길게 수요예측을 하는 것이 무조건 좋지는 않습니다.

대략 5개월 정도 수요계획을 하는 것으로 하겠습니다. 같은 수요예측이라도 먼 미래를 예측하는 것과 바로 내일의 수요를 예측하는 것은 다르겠죠. 그래서 계획단위(Time Bucket)를 다르게 할 수 있습니다. 한달 정도는 주 단위로 예측하고, 그 이후부터는 월 단위로 예측하는 식이죠.

수요계획을 기반으로 공급단과 협의를 진행할 겁니다. 협의의 결과로 나온 수요 – 공급의 단일계획(Master Plan)이 만들어집니다. 이 계획은 보통 주간 단위로 몇 개씩 가방을 생산할 것인지를 정합니다. 그래서 주간 생산계획(Weekly Production Plan)이라 부르기도 합니다. 계획기간(Planning Horizon)은 수요계획과 비슷하거나 조금 짧게 합니다. 여기서는 2달(8주)을 계획했습니다. 계획단위(Time Bucket)는 주(Week)가 됩니다. 그런데 지금까지 여러 번 단일계획(Single Plan)이라는 말을 사용했습니다. 그렇다면 수요와 공급, 더 크게는 전체 공급망 내에서 단일계획을 세우지 않는 경우도 있을까요? 당연히 있습니다. 어떻게 보면 단일계획이 아닌 경우가 더 많았습니다. 판매는 영업사원들의 수요예측을 모아서 판매계획을 만들고, 생산은 생산대로 판매계획을 참고하여 생산계획을 만들었습니다. 구매는 생산계획을 받아 구매계획을 또 만들었죠. 협력회사는 우리 구매계획을 기초로 자신들의 생산계획을 만들겠죠. 마치 이어달리기 하듯 계획을 수립해야 하니 주간 단위로 계획을 짜는 것은 불가능했죠. 그래서 겨우 월간에 한번 각각의 계획을 갱신했습니다. 이렇게 하더라도 별 문제가 없었다면 이 체계를 유지했겠죠. 항상 문제와 갈등이 있었습니다. 그 중 가장 심각한 문제는 '채찍효과(Bullwhip Effect)'라는 용어까지 만들 정도로 빈번하게 일어났고, 그 여파가 컸습니다. 채찍효과는 잠시 뒤에 자세히 알아보겠습니다.

그런데도 왜 각각의 계획을 따로 수립했을까요? 그럴 수 밖에 없었기 때문입니다. 기술적으로 두 가지 문제가 있었습니다. 첫 번째는 생산, 구매, 품질 등의 모든 문제를 고려해 계획을 짜는 것이 불가능했습니다. 판매, 생산, 구매 등 각각을 엑셀로 짜도 몇 명의 머리가 터질 지경이었죠. 그래서 컴퓨터 프로그램이 도입됩니다. 그랬는데도 회사 전체의 단일계획을 수립하려면 초창기에는 하루가 넘게 계획이 돌아가는 경우도 있었죠. 두 번째는 본사와 공장, 협력업체가 다 떨어져 있어서 계획을 바로 전달할 수 없었습니다. 지금은 전 세계가 인터넷으로 다 연결되어 있지만, 과거에는 그렇지 않았죠. 전화를 붙들고 몇 시간씩 생산계획, 품질문제 등을 협의하곤 했죠. 이 두 가지 문제는 컴퓨터 성능과 네트워크 속도 향상이 해결했습니다. 그 결과 지금 단일계획을 수립하고 바로 필요한 곳에 수립된 계획을 배포할 수 있는 것이죠.

수요 – 공급 단일계획(공급계획에 포함할 수도 있음)을 기반으로 이제 본격적인 공급계획을 수립합니다. 지금까지 계획이 회사 혹은 공급망 전체의 단일계획이었다면 공장계획(Factory Plan)은 공장별로 만들어집니다. 단일계획에서 각 공장에 주별로 생산한 물량을 이미 배정을 했을 겁니다. 그것을 입력으로 받아서 공장에서는 주간생산량을 일별로 나눕니다. 그래서 공장계획을 일별생산계획(Daily Production Plan)이라 부르기도 합니다.

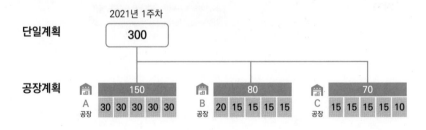

그림과 같이 해당 주차에 수요와 공급의 협의에 의해 정해진 300개를 각 공장의 생산능력(카파, Capacity)과 지역 등을 고려하여 배정합니다. 공장에서는 배정된 물량을 공장의 생산자원(설비, 사람 등)을 고려해 일(Day) 단위로 나누어 계획을 수립합니다. 일반적으로 2주에서 한달(4주) 정도 일별 공장계획을 수립합니다. 공장별로 계획을 수립했다고 해서 공급계획이 다 끝나는 것이 아닙니다. 생산실행계획과 자재소요계획을 세워야 하죠. 이 두 가지 계획은 컴퓨터가 자동으로 계산해 줍니다. 문제는 어떤 것이 생산실행계획으로 가고 어떤 것이 자재소요계획으로 가느냐죠. 그 구분은 앞에서 공부했던 가방 BOM을 보면 됩니다.

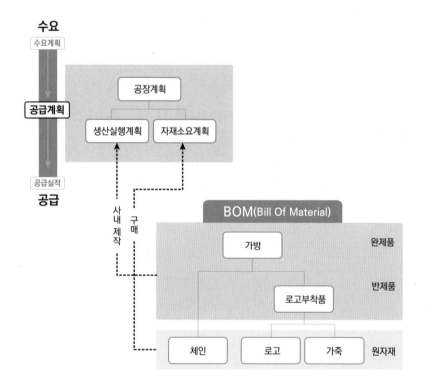

가방을 만들기 위해 체인, 로고, 가죽 등의 원자재가 있었고 원자재를 이용해 반제품을 만들고 최종 완제품을 만들었죠. 이를 계층구조로 표현한 것이 BOM이었습니다. 이 계층구조에서 가장 아래에 있는 것이 원자재이고 원자재는 구매의 대상이죠. 그래서 이것들은 자재소요계획으로 갑니다. 나머지 반제품과 완제품은 우리 회사에서 만들어야 할 부분이지요. 그래서 생산실행계획의 대상이 됩니다.

구매계획부터 보겠습니다. 가장 간단한 형태의 구매계획은 '무엇을 어디서, 얼마나, 언제까지 사올 것인가?'입니다. 일단 '어디서'에 해당하는 자재공급업체는 한 곳이라 가정을 합시다. 그러면 무엇을, 얼마나, 언제까지 사올 것인지가 남습니다. 그리고 이 세 가지 답은 BOM이 가진 정보를 이용해 계산해야 합니다.

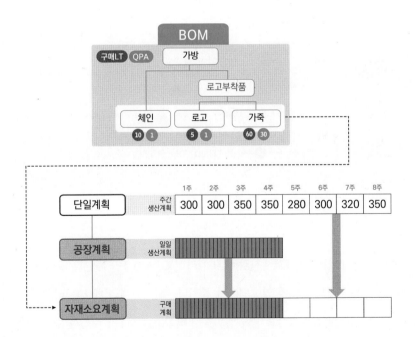

BOM에는 계층구조 외에도 구매 리드타임(Lead Time, 구매하는데 걸리는 시간)과 QPA(Quantity Per Assembly, 하나를 만드는데 소요되는 자재의 수) 정보가 있습니다. QPA를 이용해서 각 부품이 몇 개씩 필요한지를 계산하고, 구매 리드타임을 이용해 언제 협력업체에 구매 주문을 내어야 하는지를 계산할 수 있죠. 그런데 문제가 하나 있습니다. 공장계획만으로 자재소요계획을 만들려고 하니 이태리 가죽의 계획을 만들 수가 없습니다. 구매 리드타임이 2달이다 보니 공장계획에서는 잡히지 않기 때문입니다. 그래서 납기가 긴 장납기자재에 대해서는 공장계획이 아닌 단일계획의 결과를 이용해 소요량과 발주(주문하는 행위) 시점을 결정합니다.

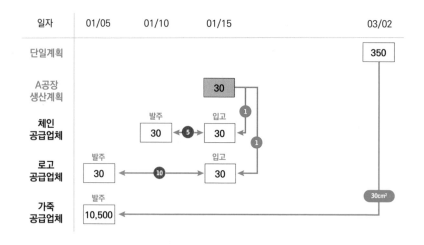

만약 1월 15일의 일계획생산량이 30개라면 QPA가 1인 체인과 로고는 각각 30개씩이 생산현장에 입고되어야 합니다. 이를 위해 구매 리드타임만큼 앞서 주문을 해야 하겠지요. 해당일로부터 BOM상의 구매 리드타임을 빼주면 각각의 발주시점을 그림처럼 구할 수 있습니다. 그렇다면 리드타임이 길고 이동거리가 먼 이태리 가죽은 어떻게 할까요? A공장의 생산계획이 없으니 그 상위의 단일계획을 근거로 계산합니다. 가방 하나를 만드는데 가죽이 30cm²이 소요되므로 350개를 곱해서 10,500cm²만큼 주문하면 됩니다.

이제 생산 스케줄링을 짤 차례입니다. 로고부착품이라는 반제품에 대해 작업 스케줄링까지 만들어야 합니다. 로고부착품을 만드는데 걸리는 생산 리드타임이 3일이니 3일에 대한 생산 스케줄링을 라우팅(작업순서)을 이용해 만듭니다.

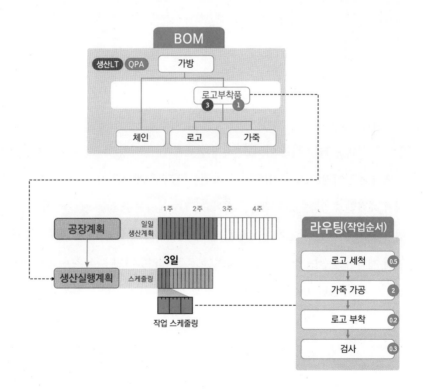

A공장의 일별 생산계획을 생산실행계획도 그대로 내려 받습니다. 차이는 작업장별로 수량을 배분하고 개수로 내려온 생산량을 작업시간까지 나눠서 스케줄링하는 것이죠. A공장에는 생산 카파가 10개인 3개의 작업장이 있다면 각 작업장의 상황에 따라 다음과 같은 스케줄링 결과가 나오겠죠.

	작업장 1		작업장 2		작업장 3	
로고 세척	1월 15일 08:00	1월 15일 12:00	1월15일 10:00	1월 15일 15:00	1월 15일 08:00	1월 15일 12:00
가죽 가공	1월 16일 08:00	1월 17일 17:00	1월 16일 08:00	1월 17일 17:00	1월 16일 08:00	1월 17일 17:00
로고 부착	1월 18일 08:00	1월 18일 09:00	1월 18일 13:00	1월 18일 14:00	1월 18일 08:00	1월 18일 09:00
검사	1월 18일 09:30	1월 18일 12:00	1월 18일 14:30	1월 18일 17:00	1월 18일 09:30	1월 18일 12:00

작업장(Work Center)에서는 이를 근거로 작업을 진행합니다. 하지만 모든 일이 계획대로 되는 것은 아니죠. 자재가 제때 안 들어왔거나 장비가 말썽을 일으켜 차질이 벌어질 수 있습니다. 차질을 반영해 계획된 시간이나 날짜 내에서 해결할 수 있는 것은 해결할 것이고, 그게 불가능한 것들은 실적 차질이 됩니다. 차질이 난 작업이나 물량은 다음 계획에 반영을 해야 합니다. 이를 위해 계획이 상단에서 하단으로 물이 흐르듯 내려왔다면 실적은 반대로 가장 하단에서 상단으로 집계됩니다. 그리고 계획과 차이가 나는 것은 각 단계의 다음 계획에 반영됩니다.

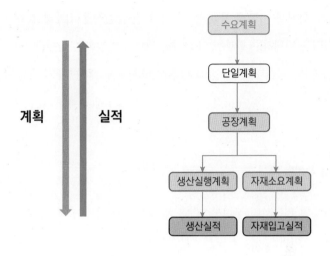

공급된 만큼 다 팔리는 건 아니죠. 어느 정도 시간이 지나면 공급되었던 가방 중에 몇 개가 팔렸는지가 나올 겁니다. 판매실적, 즉 수요실적이지요. 수요실적은 다음 수요계획의 기초자료가 되겠지요. 이제 두 개의 사이클이 완전히 이해가 가실 겁니다.

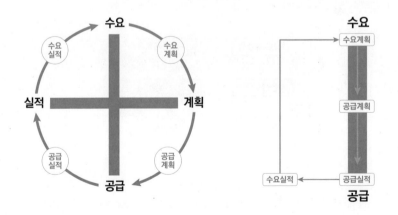

수요계획에서 시작해 공급계획을 거쳐 공급실적을 집계하고 마지막으로 수요실적을 집계하고 결과를 다음 수요계획에 반영하는 사이클을 다 살펴봤습니다. 이제 이런 일을 어떤 컴퓨터 시스템이 담당하는지 간단히 살펴보겠습니다.

SCM 체계의 완성, 컴퓨터 시스템

그렇다면 지금까지 살펴본 SCM 체계에 어떤 컴퓨터 시스템들이 엮여 있을까요?

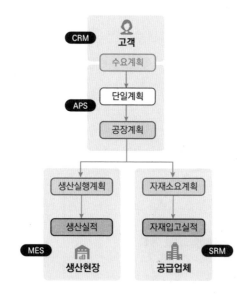

가장 위에는 고객관계를 관리하는 CRM(Customer Relationship Management)이 위치합니다. 주요 기능은 마케팅, 판매, 서비스의 세 가지입니다. 고객이 물건을 사도록 마케팅을 하고 판매 과정을 관리하고, 사후 서비스(AS, After Service)까지를 포함하죠.

그 아래로 수요계획부터 공장계획까지를 포함하는 APS(Advanced Planning & Scheduling)가 있습니다. SCM이 처음 유행할 때에는 APS와 SCM이 동의어로 사용될 정도로 SCM 전체 프로세스에서 중추적인 역할을 하는 시스템입니다. 공급망 전체의 단일계획을 수립하고 관리하는 역할을 하죠. APS는 통합된 단일계획을 수립하고 활용해 전 공급망의 판매, 생산, 구매 영역에서 자원 운영 및 납기 관리가 일관성 있게 이뤄지도록 지원하는 역할을 합니다.

그 아래로 두 개의 시스템이 마치 두 다리처럼 지지하고 있습니다. 실제로 MES와 SRM 시스템은 SCM 체계의 다리와 같은 역할을 합니다.

MES(Manufacturing Execution System)는 생산실행시스템이라는 이름 그대로 생산 현장에서 발생하는 모든 활동을 지원하고 제조 현장 정보를 실시간으로 집계하고 분석합니다. 구체적으로 지금 몇 개가 어떤 작업장에서 작업이 되고 있는지, 몇 개가 양품이고 몇 개가 불량이 났는지 등이 관리되죠.

마지막으로 SRM(Supplier Relationship Management)은 공급업체 관리 시스템입니다. 이 시스템의 목적은 우리가 필요한 좋은 자재를 공급할 회사를 찾고, 그 회사들로부터 자재를 조달하는 과정을 잘 관리하는 것입니다.

이제 어떤 시스템이 어떤 부분을 지원하는지 대략 알게 되었습니다. 그런데 꼭 있어야 할 시스템이 보이지 않습니다. 대표적으로 ERP, MDM, PLM 등이 보이지 않습니다. ERP(Enterprise Resources Planning)과 MDM (Master Data Management)은 특정한 영역에 속하는 것이 아니라 시스템 전체의 등뼈(Back-bone)같은 역할을 하기 때문에 설명되지 않았습니다.

BI(Business Intelligence)도 특정 영역에 속해 있지 않고 경영자에게 의사결정을 할 수 있도록 종합된 정보를 제공하는 역할을 하지요.

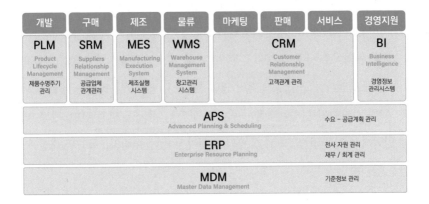

글로벌 기업이 가진 시스템의 전체적인 틀은 그림과 같은 형태가 됩니다. 물론 이 그림은 답도 아니고 표준도 아닙니다. 지금까지 설명한 시스템의 종류와 영역은 회사마다 다를 수 있습니다. 어떤 회사는 하나의 시스템으로 모든 것을 처리하기도 하고, 시스템을 중요시하는 회사는 훨씬 더 많은 종류의 시스템을 사용할 수도 있습니다. 과거 제가 지원했던 한 회사의 업무 시스템을 전부 조사해본 적이 있는데 중요한 시스템만 50개가 넘었었습니다. 각자 회사의 규모와 상황에 따른 시스템 지원체계를 갖추는 게 중요합니다.

핵심이 되는 수요 - 공급 프로세스와 지원 시스템에 대해 알아봤습니다. 이제 이 기본 틀에 최적화를 어떻게 반영하는지 살펴볼 차례입니다.

기원전 3세기, 피로스와 로마 군대는 아스쿨룸이라는 곳에서 격돌했습니다. 양 병력의 숫자는 비슷했죠. 첫날 전투는 격렬했고 로마군이 우세한 듯 보였습니다. 이튿날 피로스는 자신의 기동작전 스타일에 더 잘 맞는 지형으로 로마 군단을 유인했습니다. 전투는 유리하게 흘러갔습니다. 날이 저물 무렵 코끼리를 앞세워 직접 군대를 이끌고 로마 군단의 중앙으로 거세게 진군해 나갔습니다. 로마군은 뿔뿔이 흩어졌고 피로스는 또 한 번 승리했죠. 그럼에도 피로스는 침울함과 나쁜 예감을 떨칠 수 없었습니다. 그는 막대한 손실을 보았기 때문이죠. 전투를 이끌던 주요 장군들은 전사했고 자신도 심각한 부상을 입었습니다. 거기다가 로마군은 지칠 줄 모르고 몰아쳤고 패배에도 굴하지 않았습니다. 피로스는 아스쿨룸 전투에서 승리한 뒤 이렇게 말했다고 합니다. "우리가 로마군을 한 번만 더 이런 식으로 무찔렀다간 우리 역시 파멸할 것이다." 이 개탄에서 '피로스의 승리Pyrrhic victory'라는 말이 나오게 되었습니다. 그 후로 '피로스의 승리'는 승리는 했지만, 그 대가가 너무 커 패배와 다를 바 없는 승리를 의미하게 되었죠.

'피로스의 승리'는 우리가 생각하는 것보다 훨씬 더 흔히 일어납니다. 승리가 바로 코앞이면 우리는 부지불식간에 보고 싶은 것만 보게 됩니다. 이익은 크게 보이고 미래에 맞게 될 손해는 작게 보입니다. 이런 상태에 빠지면 비용은 통제 불능의 소용돌이처럼 급속도로 증가합니다. 상황이 잘 풀리지 않으면 지치게 되고, 그러면 실수를 또 저지릅니다. 그로 기인한 예기치 못한 문제들이 생기고, 새로운 비용을 낳습니다. 이래서는 승리를 얻는다고 해도 아무 의미가 없습니다. 하지만 이 위험은 알고 있다고 피할 수 있는 문제가 아닙니다. 불필요한 전투로 기력을 소모하지 않게 하는 시스템이 만들어져 있어야 하죠.

"그게 왜 안 되는 겁니까?"

"제조 법인이 왜 존재합니까? 팔 물건을 제때에 공급해주기 위해 있는 것 아닙니까?"

중국 지역 영업부장은 악을 쓰듯 말했습니다. 옆에서 저는 속으로 생각했죠. 이거 답정너 아닌가? '무슨 수를 내서라도 공급하자'는 아름다운 결론이 나겠지. 그런데 결론은 예상과 다르게 '공급 불가'였습니다.

영업에서 물건을 공급해달라는 너무도 당연한 요구가 왜 문제가 될까요? 몇 가지 전제 조건이 숨어 있기 때문입니다. 영업부장이 요구한 제품은 중국 특정 프로젝트에 사용되는 특수 모델이었습니다. 기본 모델(Basic Model)에 몇몇 액세서리를 추가하고, 모델 코드는 다르게 표시해달라는 것이 그의 요구였죠. 정상적인 프로세스는 모델명을 새로 등록한 후 영업에서 새 모델명으로 수요예측을 입력하는 것입니다. 생산 및 자재 준비가 필요하므로 최소한 2주 전에는 필요 수량이 시스템을 통해 입력되어야 하죠. 문제는 여기서 발생합니다. 판매 대행사가 프로젝트 전용 모델의 주문 수량을 출하 직전에 알려주겠다는 것이었습니다. 영업사원의 입장에서는 하나라도 더 팔아야 하므로 고객에게 긍정적인 답변을 하였고, 이를 시스템과 제조 부문에 요청하면서 이슈가 된 것입니다. 특히 그 제품은 액세서리의 변경도 없었고, 모든 것이 기본 모델과 동일했으니 당연히 공급이 가능하리라 생각한 거죠. 단 한 가지 문제는 제품 포장 박스에 찍히는 모델 코드를 공급해야 할 지역에 맞게 변경하고 추가해야 했죠. SCM 체계를 잘 모르는 영업부장은 라벨에 네 자리를 추가하는 사소한 문제 때문에 물건을 팔지 못한다는 것이 말이 되느냐는 논리였습니다. 워낙 강경했고 그 문제가 해결되면 중국 매출을 20% 늘릴 수 있다는 장담까지 하는 바람에 일단 검토에 들어갔습니다. 첫 번째 문제는 공장에서 외부 물류 창고로 출하하면서 이미 기본 모델의 라벨이 붙어 나온다는 것이었습니다. 이것을 다시 프로젝트 전용 코드로 바꿔야 했습니다. 해당 코드 자체가 없으므로 모두 수작업으로 입력해서 다시 출력해야 하고, 재작업한 라벨은 추적성을 잃어 버리게 되었죠. 그렇게 되면 AS가 어려워집니다. 몇 년 후 서비스 요청이 들어오면 무상으로 처리해야 할지, 돈을 받고 유상으로 처리해야 할지 알 수 없는 것이죠. 거기다가 하필 그 시점이 중국의 큰 명절을 앞두고 있어서 재작업을 해야 할 중국 법인은 무리한 잔업을 해야 했습니다. 결론은 미리 말씀 드린 바와 같이 추가 자원 투입과 추적성 문제 등으로 말미암아 사전에 프로젝트 물량을 예측하고 수요를 정상적으로 입력하라는 것으로 마무리되었습니다.

저는 당시에 회의에 참석해 상황을 지켜보면서 이런 생각을 했습니다.

'만약 SCM 체계가 명확하게 잡혀 있지 않은 회사라면 어떤 일이 벌어졌을까?'

매출 20% 증가라는 영업의 신빙성 없는 말에 넘어가 무조건 수용하라는 결정이 내려졌을 가능성이 높습니다. 그리고 출하된 포장을 모두 뜯어 재포장한 후에 내보냈을 것이고, 불확실한 물량 때문에 생산 및 자재 준비에 비효율이 발생하고 원가는 높아졌겠죠. 결국 앞으로는 돈을 버는 것처럼 보이지만, 뒤로는 밑지는 장사를 하게 됐을 겁니다. SCM 체계가 정착된 회사가 가진 강점은 바로 여기에 있습니다. 명확하게 정해져 있는 룰에 의거하여 할 것인지 말 것인지를 결정하고, 만약 하는 것으로 결정되면 해당 프로세스에 따라 신속하게 처리할 수 있는 체계와 컴퓨터 시스템의 지원이 있습니다. 여기서 끝이 아닙니다. SCM 체계가 고도화되면 될수록 여기에 두 가지 최적화

요소가 더해집니다.

첫째, 표준화되고 자동화된 프로세스가 다양합니다. 모든 회사에는 프로세스가 존재합니다. 차이가 있다면 일반적인 회사는 아주 정상적인 상황에 대한 것만 정의하고 관리합니다. 그리고 만들어져 있는 프로세스도 치밀하지 않죠. 대략의 그림만 그려져 있고 애매한 부분이 많습니다. 반면 글로벌 기업은 예외 사항에 대한 프로세스까지 마련되어 있습니다. 그리고 그 내용도 누가, 언제, 어떻게 해야 하는지 현미경으로 보는 것처럼 세밀하게 정의되어 있죠. 쉬운 예로 동일한 특정 프로세스에 대해 제가 아는 국내 대기업은 프로세스 정의서가 3장으로 정의되어 있는 반면, 글로벌 기업은 76장으로 정의되어 있었습니다.

둘째, 즉각적인 컴퓨터 시스템화입니다. SCM이 높은 수준에 도달해 있는 회사는 정의된 프로세스를 바로 시스템화합니다. 더 중요한 것은 세밀하게 프로세스가 바뀌어도 변경된 사항을 미루지 않고 바로 컴퓨터 시스템에 적용한다는 점입니다. 한 번 돈을 들여서 시스템을 구축하는 것은 어떤 회사나 할 수 있습니다. 하지만 변화를 즉각적으로 반영하는 것은 많은 노력과 노하우가 필요한 일입니다. 규모가 큰 회사일수록 다양한 배경을 가진, 때로는 국적과 종교도 완전히 다른 사람들이 함께 일하게 됩니다. 이때 한글로만 정의된 간략한 프로세스 정의서는 무용지물입니다. 그래서 컴퓨터 시스템이 해야 할 일을 가이드하고 지원해야 하며, 회사에서 할 수 있는 것과 할 수 없는 것도 시스템으로 정의하여 허락하거나 허락하지 않습니다.

너무 딱딱하고 어렵죠. 조금 달콤한 예를 들어 보겠습니다. 얼마 전에 마트에 갔다가 재미있는 제품을 발견했습니다. 이름도 잘 지었더군요. '하루하나 바나나'.

바나나를 한 송이 사면 마지막 몇 개는 버리기 일쑤입니다. 이 상품은 그 문제를 해결하기 위해 기획된 것 같았습니다. 좋은 기획이고 아이디어입니다. 그런데 과연 얼마나 지속할 수 있을까?라는 질문이 머리에 맴돌았습니다. 이 벤트로 잠깐은 가능할 것 같습니다. 혹은 잘은 모르지만 이런 일이 있었을 수도 있지요. 바나나를 싣고 오던 배가 예상보다 몇 주 앞서 도착한 겁니다. 예상보다 숙성되지 않는 바나나가 배 한 가득 항구에 있습니다. 그랬다면 저는 이 상품을 기획한 분에게 극찬을 하고 싶습니다. 위기를 기회로 바꿨으니까요. 그런데 이걸 처음부터 이렇게 기획해서 공급자와 물류, 포장 등의 공급망을 설계했다면 좋은 점수를 주지는 못할 것 같습니다. 일단 숙성된 바나나와 비숙성된 바나나를 낱개로 나눠야 하고 박스에 각각 수작업으로 넣어야 합니다. 그걸 원산지부터 해오지는 못하겠죠. 비싼 인건비와 포장 비용 등이 포함되면 제품은 비싸질 겁니다. 송이째 올라온 바나나가 30% 정도만 싸도 소비는 몇 개를 버리는 선택을 할 겁니다. 그 외에도 SCM 측면에서 수반되는 여러 문제들이 있을 겁니다. 과연 다 해결할 수 있을까요? 같은 가격이 아니라면 소비자는 이 상품을 높은 가격에 계속 구매할까요? (인공지능으로 바나나를 선별하는 체계를 저가에 갖추었고 경쟁력을 충분히 갖추신 분이 이 사업을 하고 계실 수도 있습니다. 만약 그렇다면 미리 사과드립니다.)

한 번의 승리, 단기간의 승리는 열정으로, 기세로 가능할 수 있습니다. 그러나 이런 승리는 피로스의 승리가 되었다가 결국은 파국으로 치달을 수 밖에 없습니다. 체계를 만들고 그 체계를 끝없이 최적화해야 하는 이유가 여기에 있습니다.

채찍과 잔물결

앞에서 여러 번 단일계획(Single Plan)이라는 말을 사용했습니다. 그만큼 중요하기 때문이죠. 단일계획이 만들어지지 않으면 공급망에는 여러 문제가 발생합니다. 그 중 가장 대표적인 문제가 '채찍효과'입니다. 채찍효과는 1980년대 공급망 관리 연구를 하던 교수 몇 명이 주문 및 재고 관리에 대한 기업들의 자료를 분석하다가 우연히 발견했습니다. 그 내용은 이렇습니다. 실제 제품을 사용하는 소비자들이 주문량을 조금 늘리면 소매상들은 주문을 조금 더하게 되고, 도매상들은 이보다 많은 주문을 하게 됩니다. 결국 제조업체에서는 실제 수요도 없는 엄청난 양의 과잉 생산을 하게 된다는 것이 채찍효과의 개념입니다. 왜 채찍효과라 부를까요? 황소의 엉덩이를 채찍으로 살짝 치면 황소는 엉덩이에 채찍을 맞은 충격으로 크게 요동치며 날뛰게 된다는 거죠. 이처럼 소비자의 미세한 주문량 변화가 제조업체에게는 큰 변화로 나타나는 것을 황소의 엉덩이를 채찍으로 때렸을 때의 반응에 비유하여 채찍효과(Bullwhip Effect)라고 부르게 된 겁니다. 그런데 채찍효과와 단일계획(Single Plan)이 무슨 관계가 있을까요?

과거에는 수요와 공급 간 협의에 의한 단일계획이 없었다고 했습니다. 계획은 다 따로 수립됐지요. 먼저 영업에서 고객이 다음 달에 100개의 주문을 받습니다. 그럼 생산에 딱 100개만 만들어 달라고 할까요? 영업은 물건을 최대한 많이 팔아 매출을 올리는 것이 지상 과제입니다. 가능한 한 완성된 가방의 재고를 미리 확보해두고, 고객이 원할 때 언제라도 팔려고 합니다. 판매할 수 있는 수량을 최대한 늘리려 하죠. 그래서 실제로 필요한 수량보다 조금 더 생산에 요청합니다. 생산은 요청받은 110개만 만들까요? 만드는 도중에 불량이 나올 수도 있고 생산 설비가 고장날 수도 있습니다. 또 영업이 급하게 더 만들어 달라고 하는 경우도 있기 때문에 생산 역시 10개쯤 더 계획합니다. 마지막으로 구매는 어떨까요? 생산에서 요청하는 만큼만 재료를 구매할까요? 재료 공급업체가 가끔 불량품을 납품하기도 하고 구매가를 낮추기 위해 한꺼번에 조금 더 원재료를 구매해야 할 때도 있습니다.

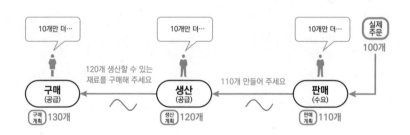

실제 필요한 가방의 수는 100개인데 결과적으로 130개 분의 재료를 준비하고 그 중에 120개의 완성품을 만듭니다. 그 결과 팔리지 않는 완성품 20개

가 재고로 남게 되고, 사용되지 않는 가방 10개 분량의 원자재 재고가 남게 되는 거죠. 회사 전체로 봤을 때는 모두 손실입니다. 그런데 왜 각각 계획을 수립하면 이런 상황이 벌어지는 걸까요? 각 부문의 이해관계가 다르고, 서로를 완벽히 믿지 못하기 때문입니다. 영업은 매출이 크면 좋은 평가를 받죠. 그러니 최대한 많은 제품을 확보해두려 합니다. 생산은 높은 생산효율로 평가 봤죠. 생산이 멈추면 안됩니다. 그러니 최대한 많은 생산 자원을 확보해두려 합니다. 작업자와 원재료를 최대한 미리 확보해두려 하죠. 그래서 구매에 조금 더 요청합니다. 이렇게 조금씩 여유분(버퍼, Buffer)을 확보하다 보니 실제 필요한 수량보다 30%나 더 준비하게 되는 겁니다. 이런 문제를 간단하고 효과적으로 해결할 수 있는 방법이 단일계획(Single Plan)입니다.

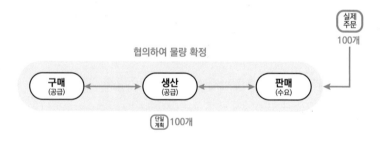

우리 회사 내의 영업(판매), 생산, 구매 간에 부풀려진 여유분이 사라졌습니다. 판매계획과 생산계획 사이, 생산계획과 구매계획 사이의 채찍효과가 계획을 하나로 만들면서 없어졌기 때문이죠. 이를 '내부 동기화'라고 합니다. 공급망 중에서도 우리 회사 내에서 동기화를 통해 각 부문 사이의 버퍼를 제거한 결과이기 때문이죠. 여기서 끝일까요? 지금까지 우리가 다뤄온 것은 공급망 전체에 대한 관리였고 최적화였죠. 단일계획도 궁극적으로는 공급망 전체를 대상으로 해야 합니다. 가능하다면 단일계획은 공급망의 시작과 끝까지 확장되어야 하죠. 확장할 수 있는 방향은 두 곳입니다. 구매에서 자재 공급업체 방향이 있고, 판매에서 고객 쪽으로는 확장이 있습니다. 이 두 가지는 우리 회사의 '내부 동기화'와 대비해서 '외부 협업'이라 부르겠습니다.

외부 협업의 첫 단계는 보통 구매와 연결된 공급업체입니다. 우리 회사 내부 부서끼리도 여유분을 가져가는데 회사가 서로 다르다면 어떨까요? 그 정도가 심하면 심했지 덜하지는 않을 겁니다. 우리 회사와 공급업체는 다른 회사인데 채찍효과가 있어도 무슨 상관이냐고 생각할 수 있습니다. 그런데 그렇지 않습니다. 간단한 문제가 아니죠. 제품이 복잡해지고, 세계화가 심화되면서 제품 가격에서 원재료가 차지하는 비중이 높아져 왔습니다. 스마트폰의 경우 70% 가까이 되죠. 상황이 이런데 공급업체가 채찍효과로 실제 물량보다 지속적으로 10%를 더 만들었고 폐기해 왔습니다. 그 비용은 공급업체에만 영향을 미칠까요? 그랬다고 가정하더라도 문제는 또 있습니다. 고통이 공급업체에만 가해진다면 그 회사는 오래 버틸 수 없을 것입니다. 같이 오랜 시간 협업을 하며 팀워크를 맞춰왔는데 갑자기 사라진다면 우리 회사는 다른 공급업체를 찾아야 합니다. 추가적인 비용이 들고 찾았다 하더라도 이전의 효율과 품질을 장담하긴 어렵겠죠. 그래서 우리 회사는 아니지만 제품과 서비스, 정보의 흐름 차원에서는 마치 한 회사처럼 움직이는 가상의 회사를 만들려고 합니다. 실제로 SCM이 정착된 회사에서는 단일계획에 포함시켜 채찍효과를 제거하는 것을 넘어 공급업체의 생산 라인을 마치 우리 회사 내부의 생산 라인과 같이 지원, 관리하기도 합니다. 생산계획을 공유하는 것은 기본이고, 우리 회사가 개선한 내용을 협력업체에도 동시에 적용하기도 하죠. 특히 신제품 도입과 같이 라인의 변화가 클 경우에는 본사의 기술 및 개발 인력을 협력업체에 직접 파견하여 생산 준비가 완벽해질 때까지 지원합니다.

그 다음은 판매에서 고객 쪽으로 확장입니다. 영업사원이 고객에게 주문을 받으면 그만인데 채찍효과가 벌어질 일이 없을 것 같지만, 공급단이 생산, 구매, 공급업체 등으로 계층구조가 있는 것처럼 고객단도 계층구조가 있고 그 사이에서 채찍효과가 일어납니다. 가방도 제조회사가 바로 고객에게 판매하는 경우는 거의 없죠. 대부분은 직영 매장도 있겠지만 도매상, 소매상을 거쳐 판매될 것입니다. 물론 요즘은 디지털 기업이 대세가 되면서 판매 채널이 온라인으로 많이 이동했죠. 그렇지만 온라인에서도 오프라인과 마찬가지로 판매 채널이 계층구조를 이루는 경우가 많습니다. 계층구조가 있다는 것은 그 사이사이에서 채찍효과가 발생할 수 있다는 거지요.

지금까지 단일계획의 범위를 확장해 채찍효과를 줄이는 과정을 설명했습니다. 이 과정은 실제로 SCM의 발전 과정이기도 합니다. SCM을 시작하면 가장 먼저 회사 내부의 효율화에 집중합니다. 내부가 어느 정도 완성되면 공급업체와의 협업을 통해 단일계획을 확대하고 채찍효과를 더 줄입니다. 마지막 단계가 고객으로의 확장이죠. SCM 체계 구축의 마지막 단계에 해당하는 고객단과의 협업을 'CPFR(Collaborative Planning, Forecasting and Replenishment)'이라 합니다. 말 그대로 고객과 판매계획을 공유하고, 함께 계획하여 필요 제품 재고를 그때그때 보충하는 것을 말합니다.

단일계획을 수립하지 않을 경우 각 단계에서 10%씩만 여유분을 가져간다고 가정해도 공급업체에는 실제 필요한 양보다 거의 2배에 가까운 177개를 만들게 됩니다. 그림으로 보면 너무나 단순한 문제여서 굳이 시스템 없이 전화나 이메일로 소통해도 이런 일은 벌어지지 않을 것 같습니다. 그런데 현실은 그렇게 간단하지 않습니다. 스스로 생각해보세요. 월요일에 출근하니 팀장님이 보고서를 하나 작성해 달라고 합니다. 그리고 언제까지 가능하냐고 묻습니다. 진짜 열심히 하면 하루, 좀 여유를 둬도 하루 반나절이면 가능합니다. 대답은 '수요일까지 하겠습니다'가 될 가능성이 높죠. 이것도 성실한 축에 속하는 경우이고, 대부분 '이번 주 안에 하겠습니다.'라고 대답할 겁니다. 여유를 듬뿍주었고, 더 큰 문제는 모호하다는 거죠. 이번 주 안이라면 목요일인가요? 금요일 퇴근 직전인가요? 공급망이 점점 커지고 전 세계에 걸쳐져 있다면 이런 문제들이 모여 카오스 상태를 만듭니다. 논리는 간단하지만 현실에서 단일계획 체계를 만들기는 여간 어려운 일이 아닙니다. 제대로 된 결과를 얻기 위해서는 공급망을 구성하는 각 구성원 간의 투명한 정보 교환과 정보의 정확도 향상이 필수적이기 때문입니다. 말은 쉽지만 회사 내부 부문 간의 소통과 투명한 정보 공유도 쉽지 않다는 점을 감안하면 언어가 다른 해외의 생산, 판매 거점, 외부 회사를 포함한 협업이 얼마나 어려운 일인지 짐작할 수 있을 겁니다. 그래서 단일계획(Single Plan)이 세계화의 파고가 왔을 때 가장 중요한 최적화의 요소 가운데 하나였습니다.

이 즈음에서 질문을 하나 던질게 있습니다. 공급망 내에서 채찍효과를 줄이는 것은 무조건 좋은 일일까요? 최근까지는 신속하고 투명한 정보 교환을 통해 글로벌 공급망을 최적화하는 최선의 방안 중 하나라 생각해 왔습니다. 하지만 영원히 좋은 답은 없습니다.

코로나19로 여러 산업군이 어려움에 빠져 있었던 2021년 3월, 일본의 이름도 들어보지 못한 공장에서 화재가 발생합니다. 처음에 아무도 주목하지 않던 이 작은 사건이 얼마 후에 전 세계의 자동차 업계를 위기에 몰아 넣습니다. 이 회사의 이름은 르네사스 일렉트로닉스. 일본 이바라키현에 위치한 마이크로컨트롤유닛(MCU)을 주로 생산하는 회사입니다. MCU는 하나의 집적회로 안에 프로세서, 메모리, 입·출력 버스 등 최소한의 컴퓨터 요소를 내장해 만든 초소형 자동차 반도체 칩입니다. 자동차 한 대에 평균 200~300개가 들어간다고 합니다. 이렇게 얘기하면 엄청난 규모의 회사일 것 같은데 그렇지 않습니다. 대부분의 사람들이 이름조차 들어본 적이 없잖아요. 그런데 왜 포드, 테슬라 같이 엄청난 회사들이 이 회사에 매달려 있었을까요? 차량용 MCU는 이 사건이 있기 전에는 그리 주목받는 부품이 아니었습니다. 삼성전자나 하이닉스 같은 큰 회사가 뛰어들 만큼 사업성이 좋지도 않았고 특정 시스템을 제어하기 위한 전용 프로세서이다 보니 표준화되기 어렵고 손이 많이 가는 부품이었죠. 그렇다 보니 제작하는 회사가 점점 줄어들었겠죠. 거기에 세계화까지 더해지면 전 세계에서 몇 개 회사만 그 부품을 만드는 상황이 되어 버립니다. 비슷한 일이 또 있었죠. 자동차 내 배선 장치 묶음 부품인 '와이어링 하네스'가 공급되지 않아 현대자동차 라인이 정지됐던 일이 있었습니다. 중국 최대 명절인 춘절과 코로나19로 중국이 한 달 정도를 봉쇄하면서 공장이 문을 닫아 그 여파로 열흘 이상 제품 공급이 끊겼고, 급기야 생산라인이 정지되었죠.

와이어링 하네스는 그림과 같은 전선 묶음입니다. 사용되는 목적과 위치에
따라 다양한 형태와 종류가 있죠. 그렇다 보니 차량용 MCU와 마찬가지로
표준화가 어렵고 돈이 되지 않는 아이템이죠. 그렇다 보니 전 세계적으로 공
급 가능한 곳이 제한되어 있었고 중국에 집중되게 된 겁니다.

예로 든 두 가지 사례처럼 잔잔한 수면에 물방울이 하나 떨어지면 물방울
을 중심으로 물의 파장이 생기게 되고 시간이 흐르면서 점점 물결이 더 넓게

퍼져 나가 물의 가장자리까지 닿게 되는 현상을 '잔물결효과(Ripple Effect)'
라고 합니다. 중요하게 생각하지 않았던 부품, 혹은 공급업체에 어떤 특수한
상황에 의해 문제가 발생하면 그 영향이 점점 커지게 되는 것이 이와 비슷해
최근 SCM에서도 '잔물결효과(Ripple Effect)'에 주목하고 있습니다.

채찍효과가 공급망의 상단(고객)에서 하단(공급업체)으로 가면서 생산량이
나 발주량의 변동성이 심해지는 것이라면, 잔물결효과는 주목하지 않던 하
단(공급업체)의 문제가 상단으로 퍼져 가면서 더 심각해지는 특징이 있습니
다. 무조건 채찍효과를 줄여 공급망 내부의 재고를 최대한 줄이는 것이 상책
이 아니게 되어 버린 겁니다. 그렇다고 채찍효과를 방치할 수는 없습니다. 한
마디로 원래 하던 것은 잘하고, 여기에 하나 더 고려할 것이 더해진 형국
이죠.

코로나19 SCM의 최적화

코로나19라는 팬데믹이 불러일으킨 SCM 체계의 대변혁을 '코로나19
SCM'이라 부르기로 합시다. 2021년 9월 기준으로 벌써 2년 가까이 지속되
고 있기 때문에 코로나19 SCM 체계의 구성과 최적화는 이미 진행되고 있습
니다. 앞서 살펴본 '잔물결효과(Ripple Effect)'에 대한 대응도 그 중 하나이죠.

DTC(Direct To Consumer)라는 개념이 있습니다. 최근 뜨거운 트렌드입니
다. 말 그대로 생산자가 소비자에게 직접 물건을 파는 거죠. 코로나19 전부터
조금씩 도입하는 기업들이 늘고는 있었지만 코로나19로 사람들의 이동이 제
한되면서 폭발적으로 성장했습니다. 그런데 왜 DTC는 코로나19 이후로 트
렌드가 되었을까요? 저는 아주 당연한 흐름이라고 생각합니다. 왜냐하면 지

금까지 우리가 기술적, 비용적인 문제 때문에 그렇게 못해온 거지요. 모든 기업은 기본적으로 내가 만든 물건을 직접 팔고 싶어합니다. 그래야 이윤도 가장 많이 남고, 고객들에게 내 상품을 가장 잘 설명할 수 있기 때문이죠. 지금은 비대면 판매와 구매가 일반적인 일이 되고, 거래 비용이 온라인에서 거의 제로가 되기 때문에 고객에게 다이렉트로 팔 수 있는 환경이 구축된 겁니다. 식당을 한다고 생각해보세요. 모든 사장님은 단골 장사를 하고 싶어합니다. 단골을 많이 확보하고 싶지만, 지적 능력의 한계로 단골을 다 기억할 수가 없었습니다. 지금은 기술이 그걸 대신해 줍니다. 요즘 회자되고 있는 초개인화를 다른 말로 바꾸면 저는 '단골장사'라 생각합니다. 모든 사람을 단골처럼 대할 수 있는 환경이 된 겁니다.

나이키를 예로 들면, 과거에는 신발을 팔려면 가두매장이나 백화점 같은 오프라인 판매 채널밖에 없었습니다. 그래서 사람들에게 알리려면 대규모 스포츠 행사나 광고 마케팅도 필요했습니다. 그런데 지금은 그게 다 디지털로 가능합니다. 마케팅 자체도 페이스북이나 인스타그램을 통해 기업이 소비자에게 다이렉트로 할 수 있죠. 자포스같은 회사는 아마존에 인수된 후 신발의 채널 자체를 온라인으로 다 바꾸었습니다. 나이키의 경우도 마찬가지로 직접 판매를 온라인에서 할 수 있는 길이 열린 거고, 마케팅이나 배송도 대행을 해주는 회사들이 많아졌죠.

SCM 체계와는 어떤 관계가 있을까요? 앞에서 본 가방 사례에서 지역별 영업사원이 있었죠. 그 사람들은 다시 길거리 매장이나 백화점, 아울렛, 마트 등에 입주해 있는 판매 대행자를 관리하죠. DTC는 이런 물리적인 판매망을 없애 버리는 겁니다. 물리적 공급망에 큰 변화이죠. 그리고 그게 가능하게 하려면 직접 소비자에게 물건을 팔 수 있는 프로세스를 만들고 이를 지원할 컴

퓨터 시스템이 구축되어야 합니다. 그게 안 되면 소비자가 어디서 물건을 보고, 구매를 결정하고, 배송을 통해 받을 수 있을지 알 수 없게 되죠.

SCM의 본질에 딱 맞아 떨어지죠. 코로나19로 비대면이 강제화되면서 물리적 공급망에 변화가 생겼고 이를 지원하기 위한 프로세스와 컴퓨터 시스템이 만들어져 새로운 SCM 체계가 필요해졌죠. 필요에 의해 급박하게 SCM 체계가 구성되고 이를 최적화하는 작업이 진행됩니다. 거기에 다시 기술이 기여하고 있는 것이죠. 소비자가 마치 매장에서 신발을 하나하나 신어볼 수 있는 것처럼 개인화된 서비스를 제공하기 위해 인공지능이나 빅데이터 같은 기술이 사용되겠죠.

신발은 너무 가벼워 보이니 TV, 냉장고, 세탁기 같은 가전제품을 예로 들어 볼까요? 과거에 어디서 가전제품을 샀었나요? 동네마다 있는 삼성전자, LG전자 대리점에 몇 번을 들르고 영업사원과 한참 기싸움을 하고서 사오곤 했습니다. 그런데 지금은 그 많던 대리점이 다 없어지고 큰 도시별로 메가스토어가 하나씩 생기는 형태로 바뀌었습니다. 이런 형태는 완전한 DTC로 가기 전의 중간 단계 정도로 보입니다. 가까운 미래에 메타버스가 현실과 구분이 불가능해질 정도가 되면, 체험을 위한 중간단계인 오프라인 매장마저 다 없어지지 않을까 생각합니다.

과감하게 너의 이름(코로나19 SCM)을 불렀지만, 너의 정체도, 앞으로 어떻게 변해갈지도 저는 잘 모르겠습니다. 비겁해 보일 수도 있지만, 그 간의 경험으로 '절대로', '반드시' 이런 말은 위험하다는 것을 배웠습니다. 실전편을 이렇게 마무리하니 뒤의 이야기는 여러분 각자가 채워 보시기 바랍니다.

삐에로는 우릴 보며 웃지?

세상 모든 삐에로가 진심으로 웃는 건 아닙니다. 겉으로는 웃겠지만 속이 까맣게 타 들어가는 신참도 있으니까요. 이상적이면서 궁극의 SCM 체계의 현신은 마법사라고 했습니다. 상상 속 말고, 현실에서 그런 존재는 없는 걸까요? 오랜 기억 속에 그런 사람이 하나 있었습니다.

대학교 다닐 때 잠시 행사 아르바이트를 한 적이 있습니다. 프로그램 중에 삐에로 분장을 하고 아이들에게 막대풍선으로 인형을 만들어주는 행사가 있었습니다. 하루 동안 풍선 만드는 방법을 여러 명이 속성으로 배웠죠. 그 다음날 아이들 웃음이 난무하는 지옥 같은 현장에 투입됩니다.

한 명은 프로페셔널(스승님), 나머지 4명은 하루 배운 초심자들이었죠. 풍선 행사는 단 1시간. 운명의 시간은 왔고, 아이들은 줄을 서기 시작했습니다. 처음에는 누가 실력 있는 자인지 모르니 5명 앞에 균등하게 줄을 섰습니다. 하지만 고객님들은 곧 눈치채게 됩니다. 어디가 능력 있는 공급자인지….

첫 번째 차이는 수요에 대한 대응에서 나옵니다. 스승님은 레퍼토리가 다양했죠. 그리고 손이 빠릅니다. 강아지, 곰, 꽃, … 아이들이 원하는 대로 간단한 것은 30초도 안 되어서 공급하십니다. 그런데 나머지 4명은 공급 가능한 제품이 딱 두 가지뿐입니다. 어제 급하게 배운 단 두 가지. 푸들과 칼이었죠. 가장 만들기 쉬우면서 반응이 좋은 아이템입니다. 특히 칼은 뭐 두어 번 접으면 됩니다. 그런데 남자애들한테는 먹히죠. 그런데 간단한 두 가지만 만드는 4명도 차이가 나기 시작합니다. 일단 속도에서 차이가 났죠. 특히 저는 손재주가 별로라서 칼 하나 만드는 데 1분 넘게 걸렸습니다. 애들의 눈빛이 서서히 변하기 시작했죠. 공급망은 곧 재정비 됩니다. 잠깐의 혼란 끝에 다섯 줄

은 한 줄로 정리되었고 앞에는 스승님만 서게 되었죠. 그 뒤로 4명이 제조라인을 형성합니다. 바람잡이 누나 한 명을 고용해서 푸들과 칼을 들고 앞에서 흔들게 하죠. 수요를 카파(공급능력, Capacity)가 여유 있는 푸들과 칼로 유도하기 위해서였죠. 푸들과 칼 주문을 최대한 받도록 하고, 간혹 타협하지 않는 친구들은 스승님이 대응을 합니다. 나머지는 뒤에서 쉬지 않고 푸들과 칼을 만들었죠. 푸들과 칼은 바로바로 공급이 됩니다. 그런데 이 쉬운 두 가지도 4명 사이에서 생산성이 갈리기 시작해요. 그래서 다시 최적화에 들어가죠. 전용 라인화하는 겁니다. 4명 중에서도 손재주가 안 좋은 두 명은 칼 라인으로 배정을 받았습니다. 2명은 푸들 라인. 공급망이 조금 더 최적화 됩니다. 그렇게 처음에는 불가능해 보였던 미션이 완성되었습니다.

이 짧은 이야기에 SCM 체계에 대한 모든 이야기가 담겨 있습니다.

SCM 체계는 세 가지 요소로 구성됩니다. 물리적 공급망, 공급망 프로세스, 컴퓨터 시스템. 삐에로 시스템의 물리적 공급망은 푸들과 칼만 좋아하는 아이들을 가정해 구성되었습니다. 그래서 동일한 역할을 하는 5개의 공급자로 최초 구성되었습니다. 공급망 프로세스는 프로세스라 부를 것도 없었죠. 5줄로 평화롭게 나누어 선 아이들에게 푸들과 칼 인형을 공급합니다. 그런데 현실은 예상과 달랐죠. 아이들은 예상보다 다양한 인형을 원했고, 공급선은 생각보다 실력이 떨어졌습니다. 그래서 물리적 공급망을 재편합니다. 푸들과 칼 전용 공급선을 비숙련자 4명으로 구성합니다. 그리고 1명의 프로페셔널 삐에로가 푸들과 칼을 제외한 특수 주문을 전담합니다. 수요에서도 공급이 원활한 푸들과 칼로 주문을 유도하는 캠페인 조직을 만듭니다. 물리적 공급망을 구성하고 프로세스 정비를 통해 공급망 최적화를 꾀합니다. 5개(아이들이 선 줄)로 나눠서 들어오던 주문 채널을 하나로 통합합니다. 그리고 이전에는 만들지 않았던 완성품 재고를 적절하게 쌓도록 합니다. 만약 규모가 훨씬 컸다면 컴퓨터 시스템도 만들어졌겠죠. 아이들이 스마트폰으로 직접 자신이 원하는 인형을 주문하면 시스템에서 자동으로 집계해 푸들과 칼은 전용 라인에 배정하고 기타 수요는 스승님에게 배정할 겁니다. 기타 수요가 적어지면 남은 카파로 푸들과 칼을 만들게 했을 거고요. 반대로 기타 수요가 늘어나면 시스템은 기타 수요를 처리할 사람을 더 뽑으라는 정보를 줄 겁니다.

실제 공급망도 다르지 않습니다. SCM 체계를 구성하고 최적화하는 것의 반복이죠. 10여 년 전에 세계화로 물리적 공급망이 요동쳤습니다. 수요가 세계 곳곳에서 들어왔고 제조하는 공장, 부품을 제공하는 공급업체도 전 세계에 위치했습니다. 재구성된 물리적 공급망을 최적화하기 시작했죠. 마침 인터넷과 모바일이라는 기술이 최적화를 도왔습니다. 그 최적화 작업이 10년 넘게 지속되었습니다. 그리고 코로나19가 찾아옵니다. 팬데믹은 이동을 제한했고, 사람 간의 접촉을 어렵게 했습니다. 전 세계를 대상으로 최적화되어 있던 물리적 공급망은 블록화가 필요해졌습니다. 그리고 제품을 설계해서 만들고 이동시키는 과정에 사람 간의 접촉을 최소화하는 비대면이 일상화 됩니다. 이 과정에서 인공지능과 빅데이터, 클라우드와 같은 디지털 기술이 적극 활용되어 새롭게 재편된 공급망의 최적화를 돕고 있습니다. 이것이 제가 책 한 권을 소비해 여러분께 들려 드리고 싶은 이야기의 전부입니다.

궁극의 공급망 마법사는 존재할까요? 지금까지 제가 본 궁극의 공급망에 가장 가까웠던 것은 다양한 레퍼토리를 가진 실력 있는 막대풍선 인형을 제조하는 삐에로 였습니다. 다양한 수요에 즉각 반응할 수 있으니 완성품 재고를 가져갈 필요가 없습니다. 원자재는 딱 한 가지 색깔별 막대풍선이고 설비는 바람 넣는 기계 하나입니다. 그럼에도 불구하고 동일한 재료로 다양한 제품을 만들어냅니다. 그런데 이런 마법사가 현실에서 가능할까요?

테슬라라는 자동차 회사가 있습니다. 이 회사는 모델이 몇 개 없습니다. 자동차 가격도 기계적인 옵션보다는 어떤 소프트웨어(오토파일럿, FSD 등)를 사용하느냐에 따라 차이가 더 크게 납니다. 그리고 최근에 이 회사가 심혈을 기울여 발전시키고 있는 기술이 있습니다. 자동차 외형을 한 번에 찍어내는 기술이죠. 지금까지의 자동차는 차체와 주요 구조를 용접으로 접합해 왔습니다. 소프트웨어가 제품의 성격을 좌우하고 자동차의 외형을 한 번에 찍어낼 수 있다면 어떤 일이 벌어질까요? 궁극의 공급망 마법사가 탄생할 겁니다. 외형을 한 번에 찍어낼 수 있다면 전용 프레스 기기만 있으면 어디라도 공장이 됩니다. 전기차다 보니 엔진은 전기 모터만 있으면 됩니다. 거기다 내연기관과 달리 디지털로 제어가 훨씬 수월하죠. 바퀴 정도만 조달한다면 긴 시간을 들이지 않아도 자동차가 완성되겠죠. 자동차 제어와 기타 기능을 디지털로 옮기면 인터넷을 통해 즉각 전달이 가능합니다. 외형과 엔진, 바퀴를 조립하고 마지막 마법의 가루처럼 디지털 소스코드를 부어 넣으면 자동차가 움직이는 거죠. 자동차 뿐일까요? 인공지능이 만든 설계도로 거대한 3D 프린터가 실제 집을 지을 수 있는 세상입니다. 언젠가는 기술이 마법사를 소환하겠죠. 기대는 되지만 조금은 무서운 미래입니다. 제가 할 일은 여기까지….

도서

미친 SCM이 성공한다 / 민정웅

강한 기업의 조건 SCM / 고창범

4차 산업혁명 시대의 Global SCM / 김창봉, 여경철, 남윤미

SCM 전략과 실행 / 쇼산나 코헨, 조지프 루셀

SCM 벤치마킹 / 루벤 슬론, 폴 디트만, 존 멘처

맨큐의 경제학 / 그레고리 맨큐

ERP 전략 & 자재 관리 시스템 / 김영렬, 박진서

슈독 / 필 나이트

순서파괴 / 콜린 브라이어, 빌 카

숫자는 거짓말을 한다 / 알베르토 카이로

한 권으로 읽는 재무제표 읽기 / 금융가의 방랑자

스웨덴 국세청 성공스토리 / 레나르트 위트베이

현장 컨설턴트가 알려주는 디지털 트랜스포메이션 / 주호재

IT 사용설명서 / 김지현

경영의 모험 / 존 브룩스

지브리의 천재들/ 스즈키 도시오

눈 떠보니 선진국 / 박태웅

축의 전환 / 마우로 기옌

반도체 투자 전쟁 / 김영우

빅컨버세이션 / 황창규

팩트풀니스 / 한스 로슬링

로마인 이야기 /시오노 나나미

사업을 키운다는 것 / 스기하라 유이치로

이해관계자 자본주의 ESG / 최남수

제품의 언어 / 존 마에다

뱅크4.0 / 브렛 킹

테슬라 쇼크 / 최원석

완전히 자동화된 화려한 공산주의 / 아론 바스타니

일을 잘한다는 것 / 야마구치 슈, 구스노키 겐

체인지 나인 / 최재붕

수요관리 모범사례 / 심창섭

누구나 프로컨설턴트가 될 수 있다 / 황창환

오직 한 사람에게로 / 김용진

빅히트 시그널 / 윤선미

다가온 미래 / 버나드 마

글로벌 비즈니스 SCM으로 정복하다 / 주호재

스포티파이 플레이 / 스벤 칼슨, 요나스 레이온휘부드

모바일 미래보고서 2021 / 커넥팅랩

리더의 말 / 장박원

셀트리오니즘 / 전혜진

디즈니만 하는 것 / 로보트 아이거

엘리 골드렛의 제약이론 / 나카노 아카라

그림으로 이해하는 스마트팩토리 / 마치바야시 미츠오

현대자동차를 말한다 / 심정택

그로잉업 / 홍성태

넷플릭스 인사이트 / 이호수

룬샷 / 사피 바칼

철학은 어떻게 삶의 무기가 되는가 / 야마구치 슈

팀 쿡 / 린더 카니

린스타트업 / 에릭 리스

코로나 빅뱅, 뒤바뀐 미래 / 한국경제신문 코로나 특별취재팀

경영을 넷플릭스 하다 / 김학연

코로나19, 동향과 전망 / 김석현, 김양희 외 3명

언컨택트 / 김용섭

안티프래질 / 나심 니콜라스 탈레브

기사

- 애플, 아이폰12 미리 생산...코로나19에 SCM 전략도 수정
  https://www.bloter.net/newsView/blt202004220007

- 포스트 코로나 시대 '공급망 관리(SCM)' 부상
  https://m.etnews.com/20200519000189

- 사람 손이냐, 자동화냐...코로나19, 물류방식 따라 울고 웃는 유통업체들
  https://m.mt.co.kr/renew/view.html?no=2020061108412329294&type=outlink&ref=http%3A%2F%2Fm.
  facebook.com#_enliple

- 언택트株 vs 콘택트株...당분간 시소게임 전망
  https://n.news.naver.com/article/009/0004616954?cds=news_my

- 내 손 안의 서비스센터, 집에서 만나는 삼성
  https://news.samsung.com/kr
- 기업의 동맥, 공급망 관리(SCM)란 무엇일까?
  https://m.post.naver.com/viewer/postView.nhn?volumeNo=29376598&memberNo=3358147
- 애플 닮아가는 테슬라…자율주행 핵심부품·소프트웨어 직접 개발
  https://magazine.hankyung.com/business/article/202010133554b
- 美 보호무역주의 군건…韓, 공급망 다각화 절실
  https://n.news.naver.com/article/030/0002911389?cds=news_edit
- 바이든, '중국 견제' 계속…'신뢰성 있는 공급망' 구축 예고
  https://n.news.naver.com/article/030/0002911449
- 2~3년 뒤에 가상현실이 새 플랫폼이 된다
  https://m.mk.co.kr/news/world/view/2020/11/1201245/
- 카카오, 정기배송 출시···'구독경제' 시동 건다
  https://n.news.naver.com/article/030/0002912557
- '셋째 낳으면 은행 빚 갚아드려요' 지자체들, 인구 지키기 사활
  https://n.news.naver.com/article/469/0000569116
- 애 셋 딸린 男과 위장결혼해 아파트 당첨받고 바로 이혼
  https://m.post.naver.com/viewer/postView.nhn?volumeNo=30395473&memberNo=12282441&vType=
  VERTICAL
- "韓·日·대만 모여라" 바이든, 반도체·배터리 '공급망 연합' 띄운다
  https://www.fnnews.com/news/202102241346064963
- 테슬라도 세운 반도체 대란…삼성 '셧다운' 한달 갈 수도
  https://n.news.naver.com/article/008/0004549841?cds=news_edit
- 하필 베트남서…확진자 30배 급증에 발묶인 삼성·LG
  https://n.news.naver.com/article/008/0004595100
- 디지털 전환, CEO 의지가 핵심…테슬라는 100% 자력으로 성공
  https://news.naver.com/main/read.naver?mode=LPOD&mid=sec&oid=015&aid=0004466201
- 세분화되는 고객 요구에 대응하기 위해선 '모듈화' 필요
  https://www.hankyung.com/economy/article/202012030780i
- 공장설비도 레고처럼 '뗐다 붙였다'…바스프·바이엘, 핵심장비 규격화
  https://www.hankyung.com/economy/article/2020112320291
- 이리 잘 팔릴 줄 알았으면…110만 원 짜리 중고 웃돈만 50만 원, 완판 행진에 씁쓸한 LG전자 왜?
  https://m—mk—co—kr.cdn.ampproject.org/c/s/m.mk.co.kr/news/it/view-amp/2021/09/897265/

강의

포스트 코로나, 기로에 선 세계경제 / 김현욱
포스트 코로나 시대, 무엇이 달라지나 / 이진우

현장 컨설턴트가 알려주는

공급망 관리(SCM) 성공 전략

2022. 1. 28. 초 판 1쇄 인쇄
2022. 2. 7. 초 판 1쇄 발행

저자와의
협의하에
검인생략

지은이 │ 주호재
펴낸이 │ 이종춘
펴낸곳 │ BM ㈜도서출판 성안당

주소 │ 04032 서울시 마포구 양화로 127 첨단빌딩 3층(출판기획 R&D 센터)
10881 경기도 파주시 문발로 112 파주 출판 문화도시(제작 및 물류)

전화 │ 02) 3142-0036
031) 950-6300

팩스 │ 031) 955-0510
등록 │ 1973. 2. 1. 제406-2005-000046호
출판사 홈페이지 │ **www.cyber.co.kr**
ISBN │ 978-89-315-8750-0 (03320)
정가 │ 14,000원

이 책을 만든 사람들
기획 │ 최옥현
진행 │ 최동진
교정 · 교열 │ 최동진
본문 · 표지 디자인 │ 이대범
홍보 │ 김계향, 이보람, 유미나, 서세원
국제부 │ 이선민, 조혜란, 권수경
마케팅 │ 구본철, 차정욱, 나진호, 이동후, 강호묵
마케팅 지원 │ 장상범, 박지연
제작 │ 김유석

■ 도서 A/S 안내

성안당에서 발행하는 모든 도서는 저자와 출판사, 그리고 독자가 함께 만들어 나갑니다.
좋은 책을 펴내기 위해 많은 노력을 기울이고 있습니다. 혹시라도 내용상의 오류나 오탈자 등이 발견되면 "좋은 책은 나라의 보배"로서 우리 모두가 함께 만들어 간다는 마음으로 연락주시기 바랍니다. 수정 보완하여 더 나은 책이 되도록 최선을 다하겠습니다.
성안당은 늘 독자 여러분들의 소중한 의견을 기다리고 있습니다. 좋은 의견을 보내주시는 분께는 성안당 쇼핑몰의 포인트(3,000포인트)를 적립해 드립니다.

잘못 만들어진 책이나 부록 등이 파손된 경우에는 교환해 드립니다.